ଏ ଜୀବ ଭ୍ରମେ ଅକାରଣେ

ଏ ଜୀବ ଭ୍ରମେ ଅକାରଣେ

କୈଳାସ ପାଣିଗ୍ରାହୀ

ବ୍ଲାକ୍ ଇଗଲ୍ ବୁକ୍ସ
ଭୁବନେଶ୍ୱର, ଓଡ଼ିଶା

BLACK EAGLE BOOKS
Dublin, USA

ଏ ଜୀବ ଭ୍ରମେ ଅକାରଣେ / କୈଳାସ ପାଣିଗ୍ରାହୀ
ବ୍ଲାକ୍ ଈଗଲ୍ ବୁକ୍ସ : ଭୁବନେଶ୍ୱର, ଓଡ଼ିଶା • ଡବ୍ଲିନ୍, ଯୁକ୍ତରାଷ୍ଟ୍ର ଆମେରିକା

BLACK EAGLE BOOKS

USA address:
7464 Wisdom Lane
Dublin, OH 43016

India address:
E/312, Trident Galaxy, Kalinga Nagar,
Bhubaneswar-751003, Odisha, India

E-mail: info@blackeaglebooks.org
Website: www.blackeaglebooks.org

First International Edition Published by
BLACK EAGLE BOOKS, 2025

E JEEBA BHRAME AKARANE
by **Kailash Panigrahi**

Copyright © **Kailash Panigrahi**

All rights reserved. No part of this publication may be reproduced, stored in a retrieval system, or transmitted, in any form or by any means, electronic, mechanical, photocopying, recording or otherwise without the prior permission of the publisher.

Cover & Interior Design: Ezy's Publication

ISBN- 978-1-64560-778-6 (Paperback)

Printed in the United States of America

ପ୍ରଥମ ପରିବେଷଣ

ସପ୍ତଦଶ ଲୋକନାଟକ ମହୋତ୍ସବ ରାଉରକେଲା

ଆୟୋଜକ : କଲ୍‌ଚରାଲ୍ ଏକାଡେମୀ

ତାରିଖ : ୨୦.୧୨.୧୯୯୩

ପ୍ରଯୋଜନା : ରଂଗମଂଚ ରାଉରକେଲା

ଚରିତ୍ର ଲିପି :

ରଘୁନାଥ	:	କୈଳାସ ପାଣିଗ୍ରାହୀ
ବିଶ୍ୱନାଥ	:	୰ ସଂଗ୍ରାମ ପତି
ନଟବର	:	ଅରୁଣ ମହାନ୍ତ
ଗୌରୀଶଙ୍କର	:	ଶିବ ପ୍ରସାଦ ମହାନ୍ତି
ସୁରେଶ	:	ସୁଦେଶ ନାୟକ
ରାମ	:	ପ୍ରବୀର ପାଣିଗ୍ରାହୀ
ବରଜୁ	:	ପ୍ରସନ୍ନ ମହାନ୍ତି
କୀର୍ତ୍ତନୀଆ	:	ବିଭୂତି ପତି
ସୁମି	:	ଶୁଭଲକ୍ଷ୍ମୀ ଶତପଥି
ମାଳତୀ	:	ବିନୋଦିନୀ ରଥ
ବର୍ଷା	:	ବନ୍ଦିତା ଶତପଥି
ସଂଗୀତ	:	ପ୍ରଦୀପ ଗୁରୁଦ୍ୱାରା
ସହଯୋଗୀ	:	ବିଭୂତି ପତି
ମଂଚ	:	ସୁରେନ୍ଦ୍ର ମହାରଣା

ରଚନା, ଅଭିକଳ୍ପ ଓ ନିର୍ଦ୍ଦେଶନା :

କୈଳାସ ପାଣିଗ୍ରାହୀ

ପୁରସ୍କାର : ଶ୍ରେଷ୍ଠ ମଂଚ, ଶ୍ରେଷ୍ଠ ଶିଶୁଶିଳ୍ପୀ,
ଦ୍ୱିତୀୟ ଶ୍ରେଷ୍ଠ ଅଭିନେତା,
ଦ୍ୱିତୀୟ ଶ୍ରେଷ୍ଠ ନିର୍ଦ୍ଦେଶନା

ମୁଖବନ୍ଧ

'ଏ ଜୀବ ଭ୍ରମେ ଅକାରଣେ' କୈଳାସ ପାଣିଗ୍ରାହୀଙ୍କ ଦ୍ୱିତୀୟ ପ୍ରକାଶିତ ନାଟ୍ୟଗ୍ରନ୍ଥ । ୧୯୯୩ ରେ ମଂଚସ୍ଥ ଏଇ ନାଟକଟି ୩୨ବର୍ଷ ପରେ ମୁଦ୍ରିତ ହେବାକୁ ଯାଉଛି । ବର୍ତ୍ତମାନ ପ୍ରଶ୍ନ ଉଠୁଛି, ଏ ନାଟକଟି ପ୍ରକାଶିତ ହେବାର ଆବଶ୍ୟକତା କ'ଣ ?

ଓଡ଼ିଶାରେ ଦୁଇ ପ୍ରକାର ନାଟକ ଲେଖାଯାଏ । ଗୋଟିଏ ପ୍ରକାର ନାଟକରେ ଥାଏ ସେଇ ଚିରାଚରିତ କାହାଣୀର ପୁନରାବୃତ୍ତି । ସେମିତି କାହାଣୀ, ସେମିତି ସଂଳାପ, ସେମିତି ଚରିତ୍ର - ସେମିତି କ୍ଲାଇମାକ୍ସ୍ ଓ ସେମିତି ଦ୍ୱନ୍ଦ୍ୱର ସମାଧାନ । ଦ୍ୱିତୀୟ ଶ୍ରେଣୀର ନାଟ୍ୟକାର ମାନେ ଚିରାଚରିତ ନାଟକ ଲେଖନ୍ତି ନାହିଁ । ସମସ୍ତଙ୍କ ଠାରୁ ଅଲଗା ନ ହେଲେ ସେ ନାଟକକୁ ମଂଚସ୍ଥ କରାଯାଏ ନାହିଁ । ସେ ନାଟକଟି ମୁଦ୍ରିତ ହେବା ଅନାବଶ୍ୟକ ବୋଲି ମନେ କରନ୍ତି ।

ଫ୍ରାନ୍ସ୍‌ର ଜଣେ ଉତ୍ତର ଆଧୁନିକ ଦାର୍ଶନିକ Differena and Repetition ନାମକ ଏକ ଗ୍ରନ୍ଥ ୧୯୬୮ ମସିହାରେ ଲେଖିଛନ୍ତି । ଫରାସୀ ଭାଷାରେ ଲିଖିତ ଏହି ଦର୍ଶନତାତ୍ତ୍ୱିକ ଗ୍ରନ୍ଥଟି ୧୯୯୪ ମସିହାରେ ଅର୍ଥାତ୍ 'ଏ ଜୀବ ଭ୍ରମେ ଅକାରଣେ' ମଂଚସ୍ଥ ହେବାର ପରବର୍ଷ ଇଂରାଜୀରେ ଅନୁଦିତ ହେଲା । ଆଶ୍ଚର୍ଯ୍ୟର କଥା ନାଟ୍ୟକାର କୈଳାସ ପାଣିଗ୍ରାହୀ ଏହି ନାଟକଟିକୁ ପୁରୁଣା ନାଟକର ପୁନରାବୃତ୍ତି (Repetition) ନ କରି ଭିନ୍ନତାକୁ (Difference) ପ୍ରାଧାନ୍ୟ ଦେଇଛନ୍ତି । ୧୯୯୦ ଦଶକ ବେଳକୁ ବଙ୍ଗଳା ନାଟକର ଅନୁକରଣ କରି ଓଡ଼ିଆ ନାଟ୍ୟକାରମାନେ

କେବଳ ସହରୀ ପ୍ରେକ୍ଷାପଟରେ ଗୋଟେ ଡ୍ରଇଂ ରୁମ୍ ସେଟ୍ ତିଆରି କରି ଉଚ୍ଚ କିମ୍ବା ନିମ୍ନ ମଧ୍ୟବିତ୍ତ ପରିବାରର ଚିତ୍ର ପ୍ରଦାନ କରୁଥିଲେ। ଓଡ଼ିଆ ନାଟକ ଏକ ପ୍ରକାର "ଡ୍ରଇଂରୁମ୍"ର ବନ୍ଦୀଶାଳାରେ ଆବଦ୍ଧ ହୋଇ ରହିଥିଲା। ଗୀତ ଆଦୌ ନଥିଲା, ନୃତ୍ୟର ପ୍ରୟୋଗ କରାଗଲେ ତାକୁ ମେଲୋଡ୍ରାମାର ଆଖ୍ୟା ଦିଆଯାଉଥିଲା। ନାଟକ ଉପରେ ସମାଲୋଚନା ଲେଖୁଥିବା କତିପୟ ଓଡ଼ିଆ ଅଧ୍ୟାପକ ସଂଗୀତ ଓ ନୃତ୍ୟ ନଥିବା ନାଟକକୁ ଆଧୁନିକ ନାଟକ ବୋଲି ଆଖ୍ୟା ଦେଉଥିଲେ।

ଏପରି ଏକ ନାଟ୍ୟ ଜଳବାୟୁରେ ୧୯୯୩ ମସିହାରେ ସାଦୃଶ୍ୟ ଥିବା ନାଟ୍ୟରଚନା ନ କରି ଏକ "ଭିନ୍ନତା" ପୂର୍ଣ୍ଣ ବାସ୍ତବବାଦୀ ନାଟକ ଲେଖିଛନ୍ତି କୈଳାସ ପାଣିଗ୍ରାହୀ। ମଂଚ ସଜ୍ଜାରେ ଭିନ୍ନତା, ଚରିତ୍ର ଚିତ୍ରଣରେ ଭିନ୍ନତା ଓ ଅଭିନୟରେ ଭିନ୍ନତା। ଏହାର ମଂଚରେ ଡ୍ରଇଂ ରୁମ୍ ନାହିଁ - ସୋଫା ନାହିଁ କି ବଡ଼ ବଡ଼ ଝରକା ଓ ରଙ୍ଗୀନ୍ ପରଦା ଝୁଲୁନାହିଁ।

"ଏ ଜୀବ ଭ୍ରମେ ଅକାରଣେ" ସହରର ଦୂଷିତ ଜଳବାୟୁ ଓ ଯାତ୍ରାପାଟିଆ ଥ୍ରୀଲ / ଉତ୍କଣ୍ଠା ଥିବା ନାଟ୍ୟ ପରିବେଶଟିଏ ଦର୍ଶକମାନଙ୍କୁ ବିକ୍ରୀ କରୁନାହିଁ। ଏହାର ମଂଚ ମହନପୁର ନାମକ ଗୋଟିଏ ନିପଟ ପଲ୍ଲୀର ଚିତ୍ରଟିଏ ଅଙ୍କନ କରିବାକୁ ପ୍ରୟାସ କରୁଛି:

"ମଂଚ ଦୁଇ ପାଖେ ଦୁଇଟି ଚାଳିଆ ଘର। ଗୋଟିଏ ଘରର ବାରଣ୍ଡା ସହ ଚାଳିଆ ବାହାରକୁ ଦେଖାଯାଉଛି ଓ ଅନ୍ୟଟି ସାମ୍ନା ଆଡ଼କୁ ରହିଛି। ପଛପଟକୁ ଝାଟି ବାଡ଼ଟିଏ ଏ ପାଖରୁ ସେ ପାଖକୁ ଲମ୍ବି ଯାଇଚି। ଏବଂ ପଛପଟକୁ ଏକ ସରୁ ରାସ୍ତା ଗାଁ ଆଡ଼କୁ ଯାଇଛି। ଦୂରରୁ ଗାଁର ଅନ୍ୟ ଘର ମାନଙ୍କର କିଛି କିଛି ଅଂଶ ଅସ୍ପଷ୍ଟ ଭାବେ ଦୃଶ୍ୟମାନ। ଗୋଟିଏ କୋଣରେ ତୁଳସୀ ଚଉତରାଟିଏ ରହିଛି। ଦୁଇ ଘରର ମଝି ଅଂଶଟି ଅଗଣା ସଦୃଶ୍ୟ ମନେହେବା ଉଚିତ୍। ଦୁଇ ଘରରୁ ବାହାରକୁ ଯିବାପାଇଁ ବାଡ଼ ମଝି ଅଂଶକୁ ବ୍ୟବହାର କରାଯିବ। ଅଗଣାରେ ଏକ ପାଖରେ ଧାନଗଦା / ପାଳଗଦାଟିଏ ରହିଛି। ଅନ୍ୟ ପାଖରେ ଗୋଟିଏ ଦଉଡ଼ିଆ ଖଟ ଓ କାଠ ଚେୟାରଟିଏ ପଡ଼ିଛି।"

(ଏ ଜୀବ ଭ୍ରମେ, ପୃଷ୍ଠା - ୫)

ନାଟ୍ୟକାର କୈଳାସ ପାଣିଗ୍ରାହୀ ଯେ ଜଣେ ଅଭିଜ୍ଞ ମଂଚ ଅଭିକଳ୍ପକ ଏହା ତାଙ୍କର ମଂଚସଜ୍ଜାରୁ ହିଁ ପ୍ରମାଣ ମିଳୁଛି। ଗୋଟିଏ ପ୍ରସେନିୟମ୍ ମଂଚରେ ପାଖପାଖ

ସାତୋଟି ଅଭିନୟ ଇଲାକାର ପରିକଳ୍ପନା ୧୯୯୩ରେ କାହିଁକି ଆଜି ପର୍ଯ୍ୟନ୍ତ ଲେଖା ଯାଇଥିବା ନାଟକରେ ବିରଳ। ଶ୍ରେଷ୍ଠ ମଂଚ ସଜ୍ଜା ପାଇଁ ଏ ନାଟକ ଲୋକନାଟକ ମହୋତ୍ସବରେ ପୁରସ୍କାର ପାଇଥିଲା।

ନାଟକର ଚରିତ୍ର ଭିତରେ ସମୁଦାୟ ଏଗାର ଜଣଙ୍କୁ ନେଇ ବିଶ୍ଳେଷଣ କଲେ ଜଣାଯାଏ ପ୍ରତ୍ୟେକ ଚରିତ୍ର ଗୋଟିଏ ଗୋଟିଏ ବିଚିତ୍ର ମଣିଷ। ରଘୁନାଥ ମଦ ପିଇ "ୟେସ୍-ନୋ-ଅଲ୍‌ରାଇଟ୍" କରେ ତ ବିଶ୍ୱନାଥ ହାରମୋନିୟମ ବଜାଇ ଗୀତ ଗାଏ। ଗୌରୀଶଙ୍କର ଓ ତାଙ୍କ ପୁଅ ସୁରେଶ ଖଳନାୟକ ଭୂମିକାରେ ଅଭିନୟ କରନ୍ତି ତ କୀର୍ତ୍ତନୀୟା ମାନେ ଗାଁରେ ଗୋଟେ ତ୍ରିନାଥ ମନ୍ଦିର କରିବେ ବୋଲି ବୁଲି ବୁଲି ଗୀତ ଗାଉଛନ୍ତି। ଓଡ଼ିଆ ଗାଁର ଲୋକ-ପରମ୍ପରାକୁ ମଂଚ ଉପରେ ଉଜ୍ଜୀବିତ କରି ରଖିଛନ୍ତି। ସୁମି ଚରିତ୍ରରେ ଅଭିନୟ ପାଇଁ ପ୍ରଚୁର ସୁଯୋଗ ଅଛି। ସେହିପରି ମାଳତୀ ଓ ଆଗନ୍ତୁକା ବର୍ଷା ଓ ବରଜୁ (ବ୍ରଜ)ର ସମ୍ପର୍କ ମଧ୍ୟରେ ଏକ ଅନନ୍ୟ କାହାଣୀ ମଂଚାୟିତ ହେବାର ଆଭାସ ମିଳୁଛି।

ନାଟକର ବ୍ୟାଖ୍ୟାନ ଶୈଳୀରେ ଦୃଶ୍ୟ ଶେଷ ଓ ପରବର୍ତ୍ତୀ ଦୃଶ୍ୟ ଆରମ୍ଭ ମଧ୍ୟରେ ଆଲୋକ ଶବ୍ଦର ଯେଉଁ ପରିବୃତ୍ତ, ସଂଚାର ଓ କ୍ରାନ୍ତି ସଂଗଠିତ ହେଉଛି-ସେଥିରେ ଚିତ୍ରନାଟ୍ୟର ପ୍ରଭାବ ପରିଲକ୍ଷିତ ହୁଏ।

'ଏ ଜୀବନ ଭ୍ରମେ ଅକାରଣେ' ସାଧାରଣ ନିମ୍ନ ବର୍ଗର ମଣିଷ ମାନଙ୍କର ଜୀବଯାତ୍ରାର ସ୍ଥାନାନ୍ତର ଓ କାଳାନ୍ତରକୁ ବାସ୍ତବବାଦୀ ଶୈଳୀରେ ନାଟ୍ୟାୟିତ କରିଛି। ଏହାର ନିର୍ଦ୍ଦେଶନା, ଅଭିନୟ ଓ ଉପସ୍ଥାପନା ପାଇଁ ଲୋକନାଟକ ଉତ୍ସବର ବିଚାରକମାନେ "ରଂଗମଂଚ" ରାଉରକେଲା ପୁରସ୍କାର ପାଇଛି। ଆଶା କରୁଛୁ, ପ୍ରକାଶିତ ନାଟକ ରୂପରେ ଏହା ଓଡ଼ିଆ ନାଟ୍ୟ ଭଣ୍ଡାରକୁ ସମୃଦ୍ଧ କରିବ। ଏପରି ନାଟକ ମାଧ୍ୟମରେ ସମାଜର ଅବହେଳିତ ସାଧାରଣ ମଣିଷ ମାନେ ମଂଚ ଉପରେ ଠିଆ ହୋଇ ନାୟକ ହୁଅନ୍ତି।

ରମେଶ ପ୍ରସାଦ ପାଣିଗ୍ରାହୀ

ରସୁଲଗଡ଼, ଭୁବନେଶ୍ୱର

ପଦିଏ କଥା....

ନାମକୀର୍ତ୍ତନ ବା ସଂକୀର୍ତ୍ତନ ପରମ୍ପରା କୋଉ ଯୁଗରୁ ଚାଲି ଆସୁଛି। ମୋ' ପିଲାବେଳେ ଦେଖିଛି, ଗାଁରେ ପ୍ରତି ସନ୍ଧ୍ୟାରେ ସଂକୀର୍ତ୍ତନ ଦଳ ସାହି ସାହି ବୁଲୁଥିଲେ। ବିଶେଷ କରି କାର୍ତ୍ତିକ ମାସରେ ଏଇ ନାମକୀର୍ତ୍ତନ ସକାଳ, ସନ୍ଧ୍ୟାରେ ହୁଏ। ଗିନି, ଖୋଳ, ଘଂଟର ଶବ୍ଦରେ ଗାଁ ଉଚ୍ଛୁଳି ପଡ଼େ। ମନ ପବିତ୍ର ହୋଇଯାଏ। "ଏ ଜୀବ ଭ୍ରମେ ଅକାରଣେ" ନାଟକରେ ସେଇ ପ୍ରାଚୀନ ସଂସ୍କୃତି, ପରମ୍ପରା ସମ୍ପର୍କରେ କୁହାଯାଇଛି। ମତେ ଲାଗେ ମଣିଷ ଯେତେ ଆଧୁନିକ ହେଇ ଆସୁଛି, ଆମର ସଂସ୍କୃତି, ପରମ୍ପରା ପାଖରୁ ସେତିକି ଦୂରେଇ ଯାଉଛି।

ମୋଟାମୋଟି ଭାବେ ଏହା ହେଉଛି ଆଧୁନିକତାର ନାଟ୍ୟମଂଚାୟନର ସମୟ। ରଚନାଶୈଳୀ ସାଙ୍ଗରେ ମିଶିଯାଏ ପରିବେଷଣର ବସ୍ତୁତ୍ୱ, ଅଭିନୟ କରୁଥିବା ଶରୀର ସାଙ୍ଗକୁ ବାରମ୍ବାର ଉତ୍ପନ୍ନ ହେଉଥିବା ଦୃଶ୍ୟବିମ୍ବର ସମ୍ମିଶ୍ରଣରେ ନାଟ୍ୟ ସାହିତ୍ୟ ରୂପାନ୍ତରିତ ହୁଏ। ଶବ୍ଦ ବା ସଂଳାପ ଉଚ୍ଚାରିତ ହୋଇ ଶବ୍ଦବିମ୍ବ ନିର୍ମାଣ କରେ। ତା' ସାଙ୍ଗରେ ପୁଣି ମିଶିଯାଏ ସଂଗୀତ ଓ ଆବାହ ସଂଗୀତର ରସ। ସାହିତ୍ୟ ଗ୍ରନ୍ଥର ଯେଉଁ ସମୟ ପ୍ରବାହ ଅଛି - ତା'ଠାରୁ ଏହା ବିଚ୍ଛିନ୍ନ। ଏଥିପାଇଁ ସାହିତ୍ୟର ଅନ୍ୟ ବିଭାଗ ଗୁଡ଼ିକର ପାଠକୀୟ ପ୍ରତିକ୍ରିୟା ଯାହା ନାଟକର ଦର୍ଶକୀୟ ପ୍ରତିକ୍ରିୟା ତାହା ନୁହେଁ। ନାଟ୍ୟଗ୍ରନ୍ଥରେ ସମୟଚେତନା ଓ ଚରିତ୍ର ବିନ୍ୟାୟନ ଯାହା ପରିବେଷଣ ପରେ ତାହା ଅଲଗା, ଅଧିକ ସକ୍ରିୟ ଓ ଜୀବନ୍ତ ପ୍ରତିକ୍ରିୟା ସୃଷ୍ଟି କରେ। ଆଜି ଏତେ ବର୍ଷ ପରେ ନାଟକଟି ପ୍ରକାଶ ପାଉଛି। ଜାଣେନା ପାଠକ ଓ ଦର୍ଶକ କେମିତି ଗ୍ରହଣ କରିବେ!

॥ ନାଟ୍ୟମେବ ଜୟତେ॥

କୈଳାସ ପାଣିଗ୍ରାହୀ

ଏ/୪୭, କୋଏଲନଗର, ରାଉରକେଲା - ୧୪

ମୋ.୯୪୩୭୧୦୯୮୯୨

ପ୍ରଥମ ଦୃଶ୍ୟ

ଚରିତ୍ର : ସୁମି, ମାଳତୀ, ରଘୁ, ବିଶି, ରାମ, ନଟ, କୀର୍ତ୍ତନିଆ, ବର୍ଷା, ସୁରେଶ।

(ମଂଚ ଦୁଇପାଖେ ଦୁଇଟି ଚାଳିଆ ଘର। ଗୋଟିଏ ଘରର ବାରଣ୍ଡା ସହ ଚାଳିଆ ବାହାରକୁ ଦେଖା ଯାଉଛି ଏବଂ ଅନ୍ୟଟି ସାମ୍ନା ଆଡ଼କୁ ରହିଛି। ପଛପଟକୁ ଝାଟି ବାଡ଼ଟିଏ ଏ ପାଖରୁ ସେ ପାଖ ଲମ୍ବି ଯାଇଛି। ଏବଂ ତାରି ପଛପଟକୁ ଏକ ସରୁ ରାସ୍ତା ଗାଁ ଆଡ଼କୁ ଯାଇଛି। ଦୂରରୁ ଗାଁର ଅନ୍ୟ ଘର ମାନଙ୍କର କିଛି କିଛି ଅଂଶ ଅସ୍ପଷ୍ଟ ଦୃଶ୍ୟମାନ ହୁଏ। ମଂଚର ଏକ କୋଣରେ ତୁଳସୀ ଚଉତରାଟିଏ ରହିଛି। ଦୁଇଘରର ମଝି ଅଂଶଟି ଅଗଣା ସଦୃଶ ମନେ ହେବା ଉଚିତ୍। ଦୁଇଘରରୁ ବାହାରକୁ ଯିବାପାଇଁ ବାଡ଼ ମଝି ଅଂଶକୁ ବ୍ୟବହାର କରାଯିବ। ଅଗଣାରେ ଏକ ପାଖରେ ଧାନଗଦା / ପାଳଗଦାଟିଏ ରହିଛି। ଗୋଟିଏ ଦଉଡ଼ିଆ ଖଟ ଓ କାଠ ଚେୟାରଟିଏ ପଡ଼ିଛି।

ଦୁଇଘରେ ରଘୁନାଥ ଓ ବିଶ୍ୱନାଥ ରହନ୍ତି। ରଘୁନାଥ ପୋଲିସ୍ ହାବିଲଦାର ଥିଲା। ନିଜର ସଚ୍ଚୋଟ ପଣିଆ ପାଇଁ ଚାକିରି ହରେଇ ସ୍ତ୍ରୀ ମାଳତୀ ସହ ରହେ। ଅନ୍ୟଘରେ ବିଶ୍ୱନାଥ ଶିକ୍ଷିତ ହେଲେ ବି କୂଳ ବେଉଷାକୁ ଆଦରି ନେଇଛି। ନିଜ ଜମିରେ ନିଜେ ଚାଷ କରେ। ଏକମାତ୍ର ଝିଅ ସୁମିକୁ ନେଇ ତାର ସଂସାର। ଛୋଟ ଭାଇ ବରଜୁ ସହରରେ ରହି ଡାକ୍ତରୀ ପଢ଼େ।

ସମୟ ସନ୍ଧ୍ୟା। ଦୂରରୁ ସଂକୀର୍ତ୍ତନ ଶୁଭୁଛି। ସୁମି ଦଶବର୍ଷର ଝିଅ, ନିଜ ଘର ବାରଣ୍ଡାରେ ବାଉଁଶ ଖମ୍ବକୁ ଆଉଜି ଶୋଇଯାଇଛି। ମଂଚରେ ଆଲୁଅ ଆସି ତା'ରି

ଉପରେ ଠୁଳ ହେଉଛି। ରଘୁନାଥ ଘରୁ ବାସନ କୁଶନର ଠନ୍ ଠାନ୍ ଶବ୍ଦ ଶୁଭୁଥାଏ। କିଛି ସମୟ ପରେ ଘର ଭିତରୁ ମାଳତୀଙ୍କ କଣ୍ଠସ୍ୱର ଶୁଭିଲା)

ମାଳତୀ : ସୁମି... ଏ ସୁମି.. ଆଲୋ କୀର୍ତ୍ତନବାଲା ଆସିଲେଣି ନା କ'ଣ... ଚଉରା ମୂଳେ ଧୂପ ଟିକେ ଦେଇଦେ ମା...

(ସୁମି ହଠାତ୍ ଚମକି ଉଠିଛି, ଚାରିପଟକୁ ଦେଖି ପୁଣି ଶୋଇଯାଇଛି)

(ମଂଚକୁ ଧିରେ ଧିରେ ନୀଳ ଆଲୁଅ ସହ କିଛି ସଫା ଆଲୁଅ ପ୍ରବେଶ କରିଛି। ଭିତରୁ ମାଳତୀ ବାଲ୍‌ଟି ଧରି ଆସି କ'ଣ ସଫା କଲେ)

ମାଳତୀ : ସୁମି... ଆଲୋ ଶୋଇପଡ଼ିଲୁ କି ? ସୁମି...

(ଚଉରା ମୂଳେ ଦୀପଟିଏ ଜଳୁଥାଏ)

ସୁମି : (ଆଖି ଖୋଲି) ନାଁ, ମୁଁ ଶୋଇନି ଖୁଡ଼ି..

ମାଳତୀ : ଦିନଯାକ ଡିଆଁ ମାରିବ, ସଂଜ ହେଉ ନ ହେଉଣୁ ଆଖିକୁ ନିଦ। ଚାଲ ଉଠ୍ ଗୋଡ଼ହାତ ଧୂଆଧୂଇ ହେଇ ଚଉରା ମୂଳେ ଧୂପ ଦେଇଦେ...

ସୁମି : (ନିଦୁଆ ସ୍ୱରରେ) ତମେ ଆଜି ଦେଇ ଦିଅ ନା ଖୁଡ଼ି....

ମାଳତୀ : ଦେଖୁଛୁ ପରା ମୁଁ କାମ କରୁଛି...

ସୁମି : (ପ୍ରାୟ କାନ୍ଦିଲା ଭଳି) ନା...ଇଁ...

ମାଳତୀ : ସେମିତି ଅଝଟ ହନ୍ତିନି ମା'... ବେଳ ହେଇଗଲାଣି। ଏଇଲାଗେ କୀର୍ତ୍ତନ ବାଲା ଆସିଯିବେ। ଚାଲ ଉଠ୍....

ସୁମି : (ଉଠି ଠିଆହେଲା ଏବଂ ଦୂରକୁ ଦେଖି) ଏବେତ ହିଡ଼ ସାହିରେ ହେଇଥିବେ। ତା'ପରେ ତଳ ସାହି, ବଢ଼େଇ ସାହି, ତା'ପରେ ଯାଇ ଆସିବେ।

ମାଳତୀ : ଆଲୋ ସେମାନେ ଚାଲୁଥିଲେ ସିନା ଉଚ୍ଛୁର ହେବ, ସେମାନେ ପରା ଦୌଡ଼ନ୍ତି।

ସୁମି : (ଖୁସିରେ) ହଁ... ମୋ ବାପା ତ ସବୁଠୁ ଆଗରେ ହାରମାନି ଧରି ଚାଲିଥିବେ ...

ତାରେ ନାନା... ତାରେ ନାନା.. ତାନା ନାନା... ତାରେ ନାନା...

(ତାରି ଭିତରେ ସୁମିର ଗୋଡ଼ହାତ ମୁହଁ ମାଳତୀ ଧୋଇ ଦେଇଛନ୍ତି)

ମାଳତୀ : ଗଲୁ ଭୋଗ ଥାଳିଟା ଭିତର ଘରେ ଅଛି ନେଇ ଆସିବୁ। (ସୁମି ଭିତରକୁ ଯାଇ ଭୋଗ ଥାଳୀ ନେଇ ଆସିଛି। ଚଉତରା ପାଖକୁ ଯାଇ ଧୂପ ଦେଇଛି)

ମାଳତୀ : ଟିକିଏ ଅନ୍ୟମନସ୍କ ହେଇ) ଆସି ରାତି ହେଲାଣି... କୁଆଡ଼େ ଗଲେ କେଜାଣି....

(ଦୂରରୁ କୀର୍ତ୍ତନ ଶୁଭୁଥାଏ। ନିକଟରେ କୁକୁର ଭୁକିବାର ଶବ୍ଦ) ଶୁଣ ମା – ଆସି ପାଟିରେ କଣ ଟିକିଏ ପକେଇ ଦେ – ଖାଇଲା ବେଳକୁ ଉଚ୍ଛୁର ହେବ। (ମାଳତୀ ଭିତରୁ ଲଣ୍ଠନ ଆଣି ପିଣ୍ଡାରେ ବସି ଜାଳୁଛନ୍ତି)

ସୁମି : ଓହୋ ଖୁଡ଼ି.... ଏ ଯାଏଁ ମୁଁ ପରା ଭଜନ ବୋଲିନି, ଫେର୍ ଠାକୁରଙ୍କୁ ମୁଣ୍ଡିଆ ମାରିବି, ଧୂପ ଦେବି, କେତେ କଥା ମାଗିବି, ତମେ ତ ଖାଲି ... ସେଃ।

ମାଳତୀ : (ନିଜ କାମରେ ବ୍ୟସ୍ତ ରହି) ଠାକୁରଙ୍କୁ ଏମିତି କଣ ମାଗିବୁ ଯେ.. ?

ସୁମି : ବହୁତ କଥା। କହିବି... ହେ ଠାକୁରେ ମୋ ବାପା ଆଉ ଦାଦା ମୁଣ୍ଡରେ ଟିକିଏ ବୁଦ୍ଧି ଦିଅ। ଏତେ ବଡ଼ ହେଲେଣି, ମୁଣ୍ଡରେ ଟିକିଏ ବୋଇଲେ ଟିକିଏ ଅକଲ ନାହିଁ।

ମାଳତୀ : (ହସି) କାହିଁ କ'ଣ ଏମିତି ଭୁଲ କଲେ ଯେ ତତେ ଅକଲ ନଥିଲା ପରି ଜଣାପଡ଼ିଲା ... ?

ସୁମି : ତମେ ବି ଛୁଆ ଭଳିଆ ହଉଛ ଖୁଡ଼ି। ଦେଖୁନ ମୋ ବାପା କେମିତି ହଉଛନ୍ତି ? ସବୁବେଳେ କ'ଣ ଭାବୁଥିବେ ଯେ ଭାବୁଥିବେ। ଅଧ ରାତିରେ ହାଉଳି ଖାଇ ଉଠି ପଡ଼ିବେ – ମତେ ତୁଚ୍ଛାଟାରେ ପାଟି କରିବେ। ଦେଖୁନ କେମିତି ବୁଢ଼ା

ହେଇଗଲେଣି। ମୁଁ ତ ଆଉ ସହି ପାରୁନି। ଠାକୁରଙ୍କୁ ସବୁ କଥା କହିଦେବି ଯେ ମଜା ବାହାରିଯିବ।

ମାଳତୀ : ଆଉ ନହେଲେ କ'ଣ ? ଘର ସାରା କାମ କରି କରି ମୋ' ମାର ଅଂଟା ଭାଙ୍ଗି ଗଲାଣି, ସେ କଥା ବାପା ଆଖିକୁ ଦିଶୁନି। ଠିକ୍ ଅଛି ଆଜି ସବୁ କଥା ଠାକୁରଙ୍କୁ କହିଦେ - ଆଉ ଦାଦା ବିଷୟରେ କ'ଣ କହିବୁ ?

ସୁମି : ସେଇଟା ବି ମତେ କହିବାକୁ ହେବ ?

ମାଳତୀ : ମୁଁ କ'ଣ ଜାଣିଛି ?

ସୁମି : ହେ ଭଗବାନ ! ମୋ ଖୁଡ଼ିଟାକୁ ସଦ୍‌ବୁଦ୍ଧି ଟିକେ ଦିଅ। ଦାଦା ପରା ତମ ଘରେ ରହୁଛନ୍ତି। ତମେ ଦେଖିପାରୁନ ନିଇତି ସଂଜ ହେଲେ ମଦ ପିଇ ଆସି ତମକୁ କେମିତି ଗାଳି ଦେଉଛନ୍ତି..

(ମାଳତୀ ଅନ୍ୟମନସ୍କ ହେଇଗଲେ)

ଠାକୁରଙ୍କୁ କହିବି ମୋ ଦାଦାଙ୍କୁ ପୋଲିସ୍ ଚାକିରିଟା ଫେରେଇ ଦିଅ।

ମାଳତୀ : ହଁଲୋ ମା - ତୋ' କଥା ହେଲେ ଯଦି ଠାକୁର ଶୁଣନ୍ତେ.. ମତେ ଏତେ ଆଉ ହିନିମାନୀ ହେବାକୁ ପଡ଼ନ୍ତାନାହିଁ। ମାଛ କାହାର ନଖାଇ ଦୁନିଆଯାକର ବଇରୀ ହେଲାପରି, ଇଏ କାହାର କିଛି କ୍ଷତି ନକରି... ସେମାନେ ଚାକିରି ନେଇଗଲେ।

(ସୁମି ହାତଯୋଡ଼ି - ଆଖିବୁଜି ଭଜନ ଗାଉଛି। ମାଳତୀ ଦୀର୍ଘଶ୍ୱାସ ଛାଡ଼ି ଭିତରକୁ ଚାଲିଗଲେ। ଏଇ ସମୟେ ରଘୁନାଥ ବାହାରୁ ମଦପିଇ ଟଳି ଟଳି ଆସିଛି। ଦେହରେ ଖଣ୍ଡେ ଖାକି ପ୍ୟାଂଟ ଆଉ ସାଦା ସାର୍ଟ ଏବଂ ବେକରେ ଗାମୁଛାଟିଏ। ଅଗଣାରେ ପହଂଚି ସୁମିକୁ କିଛି କହିବାକୁ ଗଲାବେଳେ ସୁମି ଚୁପ୍ ରହିବାକୁ ନିର୍ଦ୍ଦେଶ ଦେଇଛି। ଚପଲ ଖୋଲି ଚଉରାମୂଳେ ହାତଯୋଡ଼ି ବସିବା ପାଇଁ କହିଛି। ରଘୁନାଥ ବାଧ୍ୟ ଛାତ୍ରଟିଏ ଭଳି ବସିଛି। ସୁମି କିନ୍ତୁ ଭଜନ ବୋଲୁଥାଏ)

ସୁମି	:	ଠାକୁରେ.... ମୋ ଦାଦାଙ୍କ ମୁଣ୍ଡରେ ଟିକିଏ ବୁଦ୍ଧି ଦିଅ। ମଦ ପିଇବା ଛଡ଼େଇ ଦିଅ ଠାକୁରେ।
		(ରଘୁ କଣ କହିବାକୁ ଯାଇ ପୁଣି ରହିଯାଇଛି ସୁମି ନିର୍ଦ୍ଦେଶରେ)
ସୁମି	:	ଦେଖିପାରୁନ... ଖୁଡ଼ିଟା ମୋର କେମିତି ହନ୍ତସନ୍ତ ହେଉଛନ୍ତି ! ମୋ ଦାଦାଙ୍କ ଚାକିରି ଫେରେଇ ଦିଅ ପ୍ରଭୋ ! ମୁଁ ତମ ପାଖରେ ଏତେ ଚିନିଭୋଗ, ପିଜୁଳୀ ଭୋଗ ଦେବି। ଦୁଇଟା ଭଜନ ବୋଲିବି। ଗିନି ବଜେଇ ଭଜନ ବୋଲିବି। କୁହ ଠାକୁରେ...
ରଘୁ	:	ଆରେ ବାପ୍‌ରେ ବାପ୍ ! ଚିନିଭୋଗ, ପିଜୁଳୀ ଭୋଗ ଦେବୁ, ଗିନି ବଜେଇ ଭଜନ ବୋଲିବୁ - ତା'ପରେ ଯାଇ ଠାକୁର ମତେ ଚାକିରି ଦେବେ.... ନ ହେଲେ ନାଇଁ ? ସୁମି ତୋ'ଠାକୁର ପୁଲିସ୍ ନା ମନ୍ତ୍ରୀ କିଲୋ... ଲାଂଚ ନ ଦେଲେ କଥା ଶୁଣିବେନି ?
ସୁମି	:	ସୁ.. ଠାକୁରଙ୍କୁ ସେମିତି କହନ୍ତିନି। ଭୁଲ ମାଗ.. ମାଗ...
ରଘୁ	:	ମୋ' ଚାକିରି ତୋ ଠାକୁର ନେଇ ନାହାନ୍ତି ଲୋ ସୁମି.. ସିଏ..
ସୁମି	:	(ବିରକ୍ତିରେ) ଓଃ ହୋ...
ରଘୁ	:	ଗୌରୀ ଶଙ୍କର ଚୌଧୁରୀ ଏମଏଲ୍‌ଏ। ଶଳା ଚରିତ୍ରବାନ ଦେଖେଇ ହଉଛି। ଆରେ ତମେ ସବୁ ନେତା ହେଇଛ ବୋଲି କଣ ସରକାର ହେଇଗଲ ? ତମ ପୁଅ ଗାଁରେ ଦାଦାଗିରି କରିବ, ନିଶା ବଟିକା ଖାଇବ, ଆଉ ମୁଁ ପୋଲିସ୍ ହେଇ ଖାଲି ସୁସୁରୀ ବଜେଇବି ?
ମାଳତୀ	:	(ଭିତରୁ ଆସୁ ଆସୁ) ଓହୋ କିଏ ଅଛି ଏଠି ? କାହାକୁ ଶୁଣୋଉଛ ଏତେ କଥା ?
ରଘୁ	:	ଏପଟେ ଠାକୁର, ସେପଟେ ସରକାର, ମଝିରେ ମୁଁ ହାବିଲ୍‌ଦାର ରଘୁନାଥ। ଶଳା ଯାର ବି ଡିଉଟି କରୁଛି, ତା'ର ବି ଡିଉଟି କରୁଛି। ଜାଣିପାରୁନୁ ? ଶଳେ ବଡ଼ଲୋକ ହେଇଛ ବେ....

ମାଳତୀ	:	ସମସ୍ତଙ୍କୁ ଶଳା ଶଳା କହି ମୁହଁ କାହିଁକି ଖରାପ କରୁଛ ?
ରଘୁ	:	ଆମେ ପୋଲିସ୍ ଲୋକ । ଶଳା ଶଳା କହିବାଟା ଶଳା ଆମର ଅଭ୍ୟାସ । ସେ ଏମ୍‌ଏଲ୍‌ଏ ଭାବିଛି ମୁଁ ତା ଗୋଡ଼ତଳେ ପଡ଼ିବି, ଗୁହାରୀ କରିବି ! ଚୋପ୍ । ଆରେ ହେଲେ ତ ହେଲା, ନ ହେଲେ ୟେସ୍ ନୋ, ଅଲ୍‌ରାଇଟ୍ ।
ମାଳତୀ	:	ସେଇତକ କହିଥିଲେ କୋଉଦିନରୁ ତମର ଚାକିରି ହେଇସାରନ୍ତାଣି । ଦିନରାତି ମଦପିଇ ଖାଲି ମାରିବି ପିଟିବି ହେଲେ ତମକୁ କୋଉ ସରକାର ଚାକିରିରେ ରଖିବ ?
ରଘୁ	:	କାହିଁକି ମୁଁ କଣ ତା' ବାପା ଭାଟିରୁ ମଦ କିଣି ପିଉଛି ? ଯୋଉଦିନ ସେ ଏମଏଲ୍‌ଏ ପୁଅ ମୋ ଆଖିରେ ପଡ଼ିବ ନାଁ ଦେଖିବୁ ।
ମାଳତୀ	:	ହଉ ହେଲା - ଏଇଠି ବସ । (ଏକରକମ ଟାଣି ଆଣି ବସେଇଛି)
ରଘୁ	:	ଏଇଠି ବସି କଣ ଶଳା ତୋ' ସୁନ୍ଦର ମୁହଁଟାକୁ ଦେଖିବି ? ନାଁ ଦି-ଚାରିଟା ଛୁଆ ଜନମ କରିଦେଇଛୁ ଯେ ତାକୁ ଧରି ଗେଲ କରିବି ? (ମାଳତି କାନ୍ଦିଛି) ଦେଖ ଶଳା ମତେ ସେ କନ୍ଦାକଟା ଭଲ ଲାଗେନି କହିଦେଉଛି ।
ସୁମି	:	ତମେ କାନ୍ଦନି ଖୁଡ଼ି... ଦାଦା, ତମେ ଖୁଡ଼ି ଉପରେ ଏମିତି ପାଟି କରନି ତ !
ରଘୁ	:	(ନରମି) ହେଲା, ଭୁଲଭାଲ୍ ହେଇଯାଏ । ମୋର ବି.... କହିଲି ପରା ମତେ ଏସବୁ ଭଲ ଲାଗେନି ।
ମାଳତୀ	:	କାହିଁକି ଭଲ ଲାଗୁନି ? କହିଲା ବେଳକୁ ତ ଟାଣ ଟାଣ କଥା କହିବ । ଦଇବ ଯଦି ମୋର ଭଗାରୀ... ମୁଁ କ'ଣ କରିବି ? କୋଉଠୁ ଆଣି ତମକୁ ଦେବି ? କୋଉ ଜନମରେ କି ପାପ କରିଥିଲି ବୋଲି ଏବେ ଭୋଗୁଛି । ମୁଁ.. ମା ହେଇନି ବୋଲି ବାଟରେ ଘାଟରେ ଲୋକେ ମୁହଁମୋଡ଼ି ଚାଲିଯାଉଛନ୍ତି । ଆଉ

ଘରେ ତମେ...। ମତେ କୋଉଠୁ ବିଷ କି ମହୁର ଆଣି ଖୋଇଦିଅ, ମରିଯାନ୍ତି ହେଲେ... ତମେ ତମର ସୁଖରେ ରହନ୍ତ ! (କାନ୍ଦିଛି)

(କୀର୍ତ୍ତନ ବାଲାଙ୍କ ସ୍ୱର ପାଖେଇ ଆସିଛି। ଏବେ ସେଇ ଦଳ ମଂଚକୁ ଆସିଛନ୍ତି। ରଘୁ ଓ ସୁମି ସେମାନଙ୍କୁ ସହଯୋଗ କରିଛନ୍ତି। ମାଳତୀ ଲୁହପୋଛି ବାରଣ୍ଡାରେ ହାତଯୋଡ଼ି ଠିଆ ହେଲା। ଆଗରେ ବିଶ୍ୱନାଥ ହାରମୋନିୟମ ଧରି ଗୀତ ବୋଲୁଥାନ୍ତି। ଅନ୍ୟମାନେ ପାଳି ଧରି ଆସୁଥାନ୍ତି। ସାଙ୍ଗରେ ରାମ, ନଟମଉସା, ଦାମ ଗିନି ଧରିଥାନ୍ତି। ସେମାନଙ୍କ କୀର୍ତ୍ତନ ଚାଲିଥିବା ସମୟେ ଦେଖାଗଲା ବାହାରୁ ଗୋଟିଏ ଝିଅ ଦୌଡ଼ି ଆସି ବିଶ୍ୱନାଥ ଘରେ ପଶି ଯାଇଛି। ପରେ ପରେ ସୁରେଶ ଆସି ଏପଟ ସେପଟ ଦେଖି ଭିତରକୁ ଆସିବାର ସାହାସ କରିନପାରି ଚାଲି ଯାଇଛି।)

ବିଶି : ବୋଲ ଆନନ୍ଦେ ଏକବାର...

ସମସ୍ତେ : ହରିବୋଲ....

ନଟବର : (ନିଜ ଗୋଡ଼ହାତ ଚିପୁଥାଏ)

ବିଶି : କ'ଣ ହେଲା ମଉସା ଗୋଡ଼ ବିନ୍ଧୁଛି ?

ନଟ : ହଁ... ବଅସ ହେଲାଣି - କେତେ ଆଉ ସହିବ ଏ ଗୋଡ଼ !

ରଘୁ : ଆଜି ତମ ବୟସ ହୋଇଗଲାଣି, କାଲି ଆମେ ସମସ୍ତେ ବୁଢ଼ା ହେଇଯିବୁ ! ତାପରେ ? ତା'ପରେ ସଂକୀର୍ତ୍ତନ କିଏ କରିବ ? ମୁଁ ତ କହୁଛି ମଉସା, ସାଇ ସାଇ ବାର ଦୁଆର ନବୁଲି ଏଇଠି ଗୋଟିଏ ଯାଗାରେ ବସି କୀର୍ତ୍ତନ କରିବା। ନହେଲେ ୟେସ୍, ନୋ, ଅଲ୍‌ରାଇଟ୍।

ନଟ : କିରେ କୋଉ ଯୁଗରୁ ଏ ଗାଁରେ କୀର୍ତ୍ତନ ହେଇ ଆସୁଛି। ମୁଁ ସିନା ଏ ଗାଁର ବାସିନ୍ଦା ନୁହଁ - ହେଲେ ତମେ ସବୁ ତ ଏଇଠି ଜନ୍ମ ହେଇଛ। ତମ ବାପ-ଅଜା ଅମଳର ଏ ପରମ୍ପରାକୁ ଭାଙ୍ଗିଦବ ? ଏଇଟା ଠିକ୍ କଥା ନୁହଁ ରଘୁ।

ରଘୁ	:	ମୋ କଥା ଠିକ୍ କି ଭୁଲ ତମେ ଛାଏଁ ଜାଣିବନି ? କିହୋ, ଆମେ ଚାରି ପାଂଚ ଜଣକୁ ଛାଡ଼ିଦେଲେ ଏ ଗାଁରେ କ'ଣ ଆଉ କେହି ମଣିଷ ନାହାନ୍ତି ? କାହିଁ କେହି ଜଣେ ବି ତ ଆମକୁ ସହଯୋଗ କରୁନାହାନ୍ତି ।
ବିଶି	:	ମାରିଲା ଭାଷଣ । କିରେ କେହି କରିବେନି ବୋଲି ଆମେ କରିବାନି ? କୀର୍ତ୍ତନ, ଲୀଳା, ଯାତ୍ରାକୁ ଛାଡ଼ିଦେଲେ ଗାଁରେ ସଂସ୍କୃତି ବୋଲି ଆଉ ଅଛି କଣ ?
ରଘୁ	:	ସଂସ୍କୃତି ! (ହସିଛି) ଭାଇ ମୁଁ ତ ବେଶୀ ପାଠ ପଢ଼ିନି । ହେଲେ ବିଶି, ତୁ ତ ବହୁତ ପଢ଼ିଛୁ, କହିଲୁ ଏଇ ଟିଭି ସିନିମା ଯୁଗରେ ତମର ଏଇ ପଚାସଢ଼ା ସଂସ୍କୃତିକୁ ପଚାରେ କିଏ ? ପାଲା, ଦାସକାଠୀ, ରାମଲୀଳା, କୃଷ୍ଣ ଲୀଳା, ଯେମିତି ହଜିଗଲା, ଦିନେ ଏଇ ସଂକୀର୍ତ୍ତନ ବି ସମୟ ସୁଅରେ ହଜିଯିବ । କେହି ରଖି ପାରିବେନି ।
ବିଶି	:	ଡୋର ଶକ୍ତ କଲେ ସବୁ ସଂସ୍କୃତି ରହିପାରିବ ବାବୁ । ଛାଡ଼ ତୋ ସହିତ ଯୁକ୍ତି କରି କିଛି ଲାଭ ନାହିଁ ।
ନଟ	:	ସବୁ ଚାଲିଗଲା, ସବୁ ଚାଲିଯିବ ବୋଲି କହିଦେଲେ ତ ହବନି । କେମିତି ଏ ପରମ୍ପରା ବଂଚିବ, ସଂସ୍କୃତି ବଂଚିବ, ଚିନ୍ତା କର ।
ରାମ	:	ମଉସା, ଆଜି ତ କିଛି ବୋଲିଲନି ?
ବିଶି	:	ଠିକ୍ ଧରିଛୁ ରାମ - ମଉସା, ଛାନ୍ଦ ଚଉପଦିରୁ ପଦେ ହେଉ ।
ନଟ	:	ଆରେ ସେଗୁଡ଼ାକ ତମକୁ କ'ଣ ଭଲ ଲାଗିବ ? ସେସବୁ ଆମ ଅମଳର ଗୀତ ।
ବିଶି	:	ସେଇ ସବୁ ତ ଆମର ସଂସ୍କୃତି ।
ନଟ	:	(ଛାନ୍ଦ ଗାଇଛି) ବିତଳକୁ ଆଲିଙ୍ଗନ କରି ଜାହ୍ନବୀ ଶୋଭନ ହରେ ସୁରବର ତାପ ଚାରୁ ଧାରା ସେ ବହେ ମକର କେତନ ଉଚ୍ଛନ୍ନରତି ସମାନ

ପୁରିତ ହୋଇଛି ପୁଣି ଅଶେଷ ରସେ।
ବିଦ୍ୟ ହୈମବତୀ ପଦରେ
ବିଷକଣ୍ଠ ତୋଷଦାନୀ ବେନି ମତରେ।
(ତାରି ଭିତରେ ବିଶି ପୂଜାବିଧି ସମାପନ କରିଛି। ଏବଂ ଭୋଗ ବାଂଟିଛି)

ରଘୁ : ରାମକୁ ଟିକିଏ ଅଧିକ ଦିଅ।

ବିଶି : କିରେ ରାମ, ଏମ୍‌ଏଲ୍‌ଏ ବାବୁ ତତେ ଖାଇବାକୁ ଦେଉଛି ନାଁ ଖାଲି ଗୋଡି ଖଟୁଛୁ? ପଞ୍ଜରା ହାଡ଼ ଦିଶିଲାଣି ଯେ....
(ରାମ ଭୋଗ ନେଇ ଖାଇଛି)

ରଘୁ : ଏମଏଲଏ ପେଟକୁ ତ ସବୁ ନିଅଂଟ। ସିଏ ଅନ୍ୟକୁ ଦବ କ'ଣ?

ରାମ : ନାଇଁ ରଘୁଆଇ, ଏମଏଲଏ ବାବୁଟା ଭଲ। ସିଏ ଗାଁରେ ଥିଲେ ମୋର କିଛି ଅସୁବିଧା ନାହିଁ। ହେଲେ ସାନ ବାବୁଟା...

ରଘୁ : କ'ଣ ସାନବାବୁଟା? କିରେ କହୁନୁ ସିଏ ବି ବହୁତ ଭଲ।

ନଟ : ତା' ନାଁ ଶୁଣିଲେ ତ ରଘୁଆ ଡେଇଁଲା.... (ଯାଉଥିଲା)

ବିଶି : ମଉସା, ମୋର ଚିଠି ଫିଟି ଆସିଲେ ମତେ ଶୀଘ୍ର ଜଣେଇବ।

ନଟ : କଣ ବରଜୁର ଚିଠିକୁ ଅନେଇଛୁ? ହଉ। ଆରେ ମୋର ତ କାମ ହେଲା ଚିଠି ବାଂଟିବା। ସରକାର ସେଇଥିପାଇଁ ଦରମା ଦେଇ ମତେ ରଖିଛି। ତୋ' ଚିଠି ତତେ ଦେବିନି ତ କଣ ଆଉ କାହାକୁ ଦେଇଦେବି? (ହସି) ତୋର ଯୋଉ କଥା... ଚାଲ ଉଠ ରାମ-
(ନଟ, ରାମ ଓ କୀର୍ତ୍ତନୀଆ ଦାମ ଯିବାକୁ ଉଦ୍ୟତ। ଘର ଭିତରୁ ଏଇ ସମୟେ ଚିତ୍‌କାର କରି ଦୌଡ଼ି ଆସିଛି ସୁମି। ରଘୁ ଓ ମାଳତୀ ପାଖକୁ ଯାଇ ଫୁସ୍ ଫୁସ୍ କରି କହିଛି)

ସୁମି : ଖୁଡ଼ି.... ଜାଣିଛ....

ବିଶି : ସୁମି, କଣ ହେଇଛି ମା....

ସୁମି : ବାପା, ତମେ ରାତିରେ ସବୁଦିନ ଯାହା ସାଙ୍ଗରେ ଚୁପି ଚୁପି କଥା ହୁଅନି... ସେଇ ଆସିଛନ୍ତି।

ବିଶି	:	ମୁଁ ଚୁପି ଚୁପି କଥା ହୁଏ.... କାହା ସାଙ୍ଗରେ ?
ନଟ	:	କିରେ କଥା କ'ଣ ? ନାତୁଣୀ କ'ଣ କହୁଛି କିଛି ବୁଝୁଚ ନା-ଖାଲି....
ରଘୁ	:	ବୁଝିବାକୁ ଆଉ କିଛି ବାକିନାହିଁ ମଉସା । ବିଶିଆର ସବୁ ଗୁମର ଆଜି ଖୋଲିଗଲା ।
ବିଶି	:	ଚୋପ୍ ! କି ଗୁମର ଖୋଲିଗଲା ?
ମାଳତୀ	:	ବିଶି.. ମୁଁ ଏ କଣ ଶୁଣୁଛି ?
ବିଶି	:	ନାଇଁ ଭାଉଜ, ଏ ସୁମିଟା....
ମାଳତୀ	:	ସୁମି, ଘରକୁ କିଏ ଆସିଛି କିଲୋ ?
ରଘୁ	:	କିଏ ଆସିଛି ସୁମି ?
ସୁମି	:	ଓଃ ତମ ପାଟି ଗନ୍ଧ ହଉଚି ଦାଦା... (ରଘୁ ପାଟିରେ ହାତଦେଇ ଦୁରେଇଗଲା)
ସୁମି	:	ଆସ ଦେଖିବ ଖୁଡ଼ି ଘର ଭିତରେ ଅଛନ୍ତି ।
ବିଶି	:	କିଏ ଅଛନ୍ତି ଘର ଭିତରେ ?
ନଟ	:	ଆଲୋ ନାତୁଣୀ କହିଦେ - କିଏ ଆସିଛି ?
ରଘୁ	:	କହୁନୁ... (ସୁମି ଘର ଭିତରକୁ ଯାଇ ବର୍ଷାର ହାତ ଧରି ବାହାରକୁ ଆସିଛି) (ବର୍ଷା ଦେଖିବାକୁ ଆଧୁନିକା ମନେହୁଏ । କିନ୍ତୁ ବେଶ ପୋଷାକ ବେଶ୍ ସାଧାରଣ । ମୁହଁରେ ଭୟର ଚିହ୍ନ ସ୍ପଷ୍ଟ) (ସମସ୍ତେ ହତବାକ୍ ହେଇ ଚାହିଁଛନ୍ତି)
ବିଶି	:	କିଏ... କିଏ ତମେ ?
ବର୍ଷା	:	ମୁଁ ବର୍ଷା । ମହନପୁର ସ୍କୁଲକୁ ନୂଆ ଟିଚର୍ ହେଇ ଆସିଛି ।
ବିଶି	:	ମୋ ଘରେ କ'ଣ କରୁଛ ?
ବର୍ଷା	:	ଭୟରେ ଲୁଚି ଯାଇଥିଲି ।
ବିଶି	:	ଭୟ କାହାକୁ ? ଲୁଚି ଯାଇଥିଲ ମାନେ.... ଏଠି କେତେବେଳୁ ଅଛ ?
ବର୍ଷା	:	ମୁଁ... ମାନେ... (ଭୟରେ କିଛି କହିପାରିନି)

ନଟ : ବିଶି - ଆରେ ଏମିତି ଧମକଉଛୁ କାହିଁକି ? ଦେଖୁଛୁ ଝିଅ ପିଲାଟା.. ହଁ... କ'ଣ ହେଲା ମା... ତମ ଘର କୋଉଠି ?

ବର୍ଷା : ଭୁବନେଶ୍ୱର। ବସ୍ ରାସ୍ତାରେ ଖରାପ ହୋଇ ଯାଇଥିଲା ବୋଲି ଏଠି ବହୁତ ଲେଟ୍‌ରେ ପହଂଚିଲା। ସ୍କୁଲ ବନ୍ଦ ହୋଇଯାଇଥିଲା। ଏଠି ମୁଁ ସମ୍ପୂର୍ଣ୍ଣ ନୂଆ। କୁଆଡ଼େ ଯିବି କ'ଣ କରିବି ଭାବି ବସ୍ ଷ୍ଟପେଜ୍‌ରେ ଠିଆ ହୋଇଥିଲି। ଏତିକି ବେଳେ ଜଣେ ଲୋକ ଆସି ମତେ ବହୁତ ଖରାପ ବ୍ୟବହାର କଲା। ଭୟରେ ମୁଁ ଦୌଡ଼ି ଆସି ଏଠି.... (କାନ୍ଦିଛି)

ନଟ : କି ଯୁଗ ହେଲାଣି ଦେଖହେ.... ମହନପୁର ଭଳି ଗାଁରେ ଝିଅ ବୋହୂମାନେ ରାସ୍ତାରେ ଚାଲିବା ମୁସ୍‌କିଲ ହୋଇଗଲାଣି।

ବିଶି : କିନ୍ତୁ ଏମିତି ସାହାସ ଗାଁରେ ଆଉ କିଏ କରିପାରେ ?

ରଘୁ : ଜାଣି ପାରୁନୁ.... ସେଇ ଏମଏଲ୍‌ଏ ପୁଅ। ଏଭଳିଆ ରସିକ ଚୁଡ଼ାମଣିକୁ ଲଣ୍ଡାକରି, ମୁହଁରେ କାଳି ବୋଳି ରାସ୍ତାରେ ଚଲେଇବା କଥା।

ମାଳତୀ : (ଚୁପ୍ ରହିବାକୁ ରଘୁକୁ କହିଛି)

ରଘୁ : କଅଣ ? ଆରେ ହେଲେ ତ ହେଲା ନ ହେଲେ ୟେସ୍ ନୋ ଅଲ୍‌ରାଇଟ୍।

ନଟ : ଓହୋ, ତୁ ଟିକିଏ ଚୁପ୍ ରହ ଭଲା। ବିଶି କଣ ଭାବୁଛୁ ?

ବିଶି : ନାଇଁ, ଭାବିବି ଆଉ କ'ଣ... ଏତେ ରାତିରେ... ଏବେ.. ଭାଉଜ.. ତମେ କିଛି କହୁନ ?

ମାଳତୀ : ରାତି ବହୁତ ହେଲାଣି। ଝିଅ ପିଲାଟା କୁଆଡ଼େ ଯିବ ! ମୁଁ କହୁଥିଲି..

ବର୍ଷା : ଆପଣମାନେ ମୋ ପାଇଁ ବ୍ୟସ୍ତ ହୁଅନ୍ତୁ ନାହିଁ। ମୁଁ ଚାଲିଯିବି।

ବିଶି : ଏତେ ରାତିରେ କୁଆଡ଼େ ଯିବ ?

ବର୍ଷା : ରାତିକ କଥା ତ, କୌଣସି ହୋଟେଲ୍‌ରେ ରହିଯିବି। ସକାଳ ହେଲେ ଘରଟିଏ ଦେଖିବି।

ରଘୁ : ଏଇଟା ମହନପୁର। ଏଠି ହୋଟେଲ୍, ଲଜିଂ କିଛି ନାହିଁ। ବାହାର ଲୋକ ହେଇ ଗାଁକୁ ଯିଏବି ଆସେ, କାହାର ନା

କାହାର କୁଣିଆ ହେଇ ରହେ।

ମାଳତୀ : ତମେ ଏଇଠି ରହିଯାଅ।

ନଟ : ଠିକ୍ କହୁଚ, ଝିଅପିଲାଟା ଏତେ ରାତିରେ କୁଆଡ଼ ଯିବ?

ବର୍ଷା : କିନ୍ତୁ ମୋ ଜିନିଷପତ୍ର ସବୁ ବସ୍ ଷ୍ଟପେଜ୍‌ରେ ରହିଗଲା।

ରଘୁ : କିଛି ଚିନ୍ତା ନାହିଁ। ମୁଁ ପୋଲିସ୍ ଲୋକ। ତମ ଜିନିଷ ମୁଁ ନେଇ ଆସିବି। ଆସ ମଉସା।

ନଟ : ଛି.. ଛି.. ଏଇ ଚୌଧୁରୀ ପୁଅ ଦିନେ ଗାଁର ନାଁ ବୁଡ଼େଇବେ। ମୁଁ ଯାଉଛିରେ ବିଶି....
(ନଟବର ଓ ରଘୁ ବାହାରକୁ ଚାଲିଗଲେ)

ସୁମି : (ବର୍ଷାର ହାତ ଟାଣି) ଆସ ବୋଉ... ଏଇଟା ଆମ ଘର।

ବର୍ଷା : ବୋ...ଉ..?

ମାଳତୀ : ମନରେ କିଛି ଭାବିବନି। ସୁମିଟା ପିଲାବେଲୁ ସେମିତି। ଖୁଡ଼ିକୁ ଛାଡ଼ିଦେଲେ ଦୁନିଆର ସବୁ ସ୍ତ୍ରୀଲୋକ ତା' ପାଇଁ ବୋଉ।

ସୁମି : ଆଉ କିଛି ନାଁ... ଚାଲ ବୋଉ....
(ବର୍ଷାକୁ ଏକରକମ ଟାଣି ନେଇଯାଇଛି)
(ବିଶି ନିଜଘରକୁ ଚାହିଁ ରହିଥାଏ - ମାଳତୀ ଭିତରକୁ ଯାଉଥିଲେ। ବିଶି ଅଟକେଇଛି)

ବିଶି : ଭାଉଜ...

ମାଳତୀ : କ'ଣ ହେଲା?

ବିଶି : ମୁଁ କହୁଥିଲି... ଗାଁ ଲୋକେ ଅନ୍ୟ କିଛି ଭାବିବେନି ତ?

ମାଳତୀ : ଦେଖ ବିଶି, କାହାର ଭାବିବାଟା ଆମେ କ'ଣ ବନ୍ଦ କରିଦେଇ ପାରିବା? ତମେ ବ୍ୟସ୍ତ ହୁଅନି। ସବୁ ଠିକ୍ ହୋଇଯିବି। (ପ୍ରସ୍ଥାନ)
(ବିଶି ସେମିତି ଠିଆ ହେଇଥାଏ। ସୁମିର କେଇପଦ କଥା ତାକୁ ଶୁଭୁଛି - "ଆସ ବୋଉ - ଏଇଟା ଆମ ଘର"। ବିଶି ମୁହଁରେ ବିବ୍ରତର ଚିହ୍ନ ସ୍ପଷ୍ଟ)

- ମଂଚ ଅନ୍ଧାର -

୨ୟ ଦୃଶ୍ୟ

ଚରିତ୍ର : ବିଶି, ମାଳତୀ, ସୁମି, ବର୍ଷା, ରଘୁ, ନଟ।

(ସମୟ ସକାଳ। ଫିକା କମଳା ରଙ୍ଗର ଆଲୁଅ ତୁଳସୀ ଚଉରା ଉପରେ ପଡ଼ିଛି। ବିଶି ବାଡ଼ିପଟ ପୋଖରୀରୁ ଗାଧୋଇ ଆସିଛି ଏବଂ ଚଉରା ମୂଳେ ଧୂପ ଦେଇଛି। ବିଶି ଆସିବା ପୂର୍ବରୁ ମାଳତୀ ଓଦା ଶାଢ଼ୀଟିଏ ଶୁଖେଇ ଦେଇ, ଚଉରା ମୂଳେ ମୁଣ୍ଡିଆ ମାରି ସୁମିକୁ ଥରେ ଡାକିଦେଇ ଚାଲିଯାଇଛନ୍ତି। ବିଶି ନିତ୍ୟକର୍ମ ସାରି ରଘୁ ଦୁଆର ପାଖକୁ ଆସିଛି)

ବିଶି : ଭାଉଜ... ଭାଉଜ...

ମାଳତୀ : କ'ଣ ହେଲା ବିଶି ?

ବିଶି : ଭାଉଜ, ତମେ ଟିକିଏ ଯାଇ ଦେଖିଲ ସୁମିଟା ଏଯାଏଁ ଉଠିନଥିବ। ବେଳ ହେଇଗଲାଣି, ସ୍କୁଲକୁ ଯିବ। ମୋର ଗାଧେଇ ଆସୁ ଆସୁ ଡେରି ହୋଇଗଲା।

ମାଳତୀ : (ମୁରୁକି ହସି) ତମେ ଯାଇ ଦେଖୁନ। ଘର ଭିତରେ ତମକୁ କଣ ଡାହାଣୀ ଖାଇଯାଉଛି ?

ବିଶି : ନାଇଁଯେ... ଏମିତି ବେଶରେ... ଓହୋ ତମେ ଟିକେ ଯାଅନା...

ମାଳତୀ : (ହସି ହସି) ଆଚ୍ଛା ! ମାଷ୍ଟ୍ରାଣୀ ଉଠିଥିବେ କି ନାଇଁ କେଜାଣି.. ଦେଖେ।

(ଏଇ ସମୟେ ଭିତରୁ ବର୍ଷା ଓ ସୁମି ଆସିଛନ୍ତି । ସୁମି ସ୍କୁଲ ଡ୍ରେସ୍ ପିନ୍ଧିଛି । ଏବଂ ବର୍ଷା ଶାଢ଼ୀ ପିନ୍ଧି ହାତରେ ଗୋଟାଏ ବ୍ୟାଗ୍ ଧରିଛନ୍ତି)

ସୁମି : ଆମେ ତ ରେଡି ହେଇଗଲୁଣି । (Pause) ଆରେ ଏମିତି ଅନେଇଛ କ'ଣ ? ବାପା ମୋର ସ୍କୁଲ ଟାଇମ୍ ହୋଇଗଲାଣି ପରା ।

ବିଶି : ଆରେ ବା... ଆମ ଝିଅତ ସତରେ ରେଡି ହେଇଗଲାଣି । ଦେଖୁଛ ତ ଭାଉଜ... ଏମିତି ସିନା ସୁନା ଝିଅମାନେ ଅଝଟ ନକରି ସ୍କୁଲ ଯାଆନ୍ତି ।

ସୁମି : ମୁଁ କଣ ତମ ଭଳିଆ ଅଳସୁଆ ହେଇଛି ? କୋଉ ସାତ ସକାଳୁ ମତେ ବୋଉ ଉଠେଇ ଦେଇ ରେଡି କରେଇ ଦେଇଛନ୍ତି ।

ମାଳତୀ : ଯା ହଉ, ବିଶି, ତମର ଗୋଟେ ବଡ଼ ଚିନ୍ତା ଗଲା ।

ବିଶି : ଆପଣ ଆମପାଇଁ... ମାନେ ସୁମି ଆପଣଙ୍କୁ କିଛି ହଇରାଣ କରିନି ତ ?

ବର୍ଷା : ନା..ନା, ବରଂ ସିଏ ମତେ ମୋ' କାମରେ ସାହାଯ୍ୟ କରୁଛି ।

ସୁମି : ଚାଲନା ବୋଉ, ସ୍କୁଲ ଟାଇମ୍ ହେଇଗଲାଣି ।

ବିଶି : ଆଜି ଚାକିରିରେ ଜଏନ୍ କରିବେ । ଚଉରା ମୂଳେ ମୁଣ୍ଡିଆ ମାରି ଯାଆନ୍ତୁ । ଦିନଟା ଭଲରେ କଟିବ ।

(ବର୍ଷା ଚଉରା ପାଖେ ଜୁହାର ହେଇଛି । ସାଂଗରେ ସୁମି)

ବର୍ଷା : ଆମେ ଆସୁଛୁ ଅପା ।

ମାଳତୀ : ହଉ ।

(ବର୍ଷା ଓ ସୁମି ବାହାର ପଟଦେଇ ଚାଲିଗଲେ । ରଘୁର ପାଟି ଶୁଣି ମାଳତୀ ଭିତରକୁ ଯାଇଛନ୍ତି । ବିଶି ଓଦା ଲୁଗା ବଦଳେଇଛି । କିଛି ସମୟ ପରେ ହାତରେ ଜୋତା ଧରି ରଘୁ ଆସିଛି ଓ ପାହାଚ ପାଖେ ବସି ପିନ୍ଧୁଥାଏ)

ରଘୁ : ମାଳ... ଚା' ଟିକିଏ କଲୁ...

ବିଶି : କୁଆଡ଼ ବାହାରିଲୁ ?

ରଘୁ	:	ଯିବି ଆଉ କୁଆଡ଼େ... ? ସେଇ....
ବିଶି	:	ସବୁଦିନ ଥାନାକୁ ଯାଇ କ'ଣ ପାଉଛୁ ? ଚାକିରି ଥିଲା ଯାଉଥିଲୁ। ଏବେ... କାହିଁକି...
ରଘୁ	:	(କଥା ବୁଲେଇ) ସୁମି ସ୍କୁଲ ଚାଲିଗଲାଣି ?
ବିଶି	:	ଏବେ ସକାଳ ସନ୍ଧ୍ୟା ଥାନାରେ ହାଜର ପକେଇବା ଅର୍ଥ କ'ଣ ?
ରଘୁ	:	ଆରେ ଚା' ହେଲା ନା ନାଇଁ ? ମାଳ...
ବିଶି	:	ରଘୁ... ତତେ ପରା ମୁଁ ପଚାରୁଛି ?
ରଘୁ	:	ମତେ କଣ କହିଲୁ ?
ବିଶି	:	ବେଶି ଆଉ ଫାଜିଲାମି ଦେଖାନା କହୁଛି....
ରଘୁ	:	ଆରେ ହେ ମାଳକୁ କହିବା ଭୁଲିଗଲି। ମାଳ... ବିଶି ପାଇଁ ବି ଚା' ଗିଲାସେ କରିବୁ।
ବିଶି	:	(ପାଖକୁ ଆସି) ମୁଁ ତତେ କହୁଛି - ତତେ।
ରଘୁ	:	କଅଣ ?
ବିଶି	:	ମୁଁ କହୁଛି - ସେ' ଚାକିରୀ ନିଶା ଛାଡ଼ି କ୍ଷେତ ଆଡ଼େ ଟିକେ ଧ୍ୟାନ ଦେ। ଆରେ ତୋ ପାଖରେ ଯେତିକି ଜମି ପଡ଼ିଛି, ଚାଷବାସ କଲେ ବସି ଖାଇଲେ ବି ସରିବନି। ସରକାରଘଙ୍କ ଗୋଲାମୀ କରିତ ଫଳ ପାଇଲୁ। ଫେର୍ ..
ରଘୁ	:	ମୋ' ମୁଣ୍ଡ ଖରାପ କରନା ତ....
ବିଶି	:	ମୁଣ୍ଡ ଖରାପ ହବନି ? ମୁଣ୍ଡରେ ତେଲ ଟିକିଏ ଲଗଉନୁ, ଦାଢ଼ି କାଟୁନୁ। ଏମିତି ବାୟାଙ୍କ ଭଳିଆ ରହିଲେ ମୁଣ୍ଡ ଖରାପ ନିଶ୍ଚୟ ହବ।
ରଘୁ	:	ମତେ ଯାହା ଲାଗୁଛି, ଗତ ଜନ୍ମରେ ତୁ ମୋର ବାପା କି ବଡ଼ଭାଇ ନିଶ୍ଚୟ ଥିଲୁ।
ବିଶି	:	ଏ ଜନ୍ମରେ ବି ସେଇଆ ବୋଲି ଧରିନେ। ଦି'ଚାରି ବର୍ଷ ତୁ ମୋ'ଠୁ ବଡ଼ ହେଇଗଲୁ ବୋଲି....
ରଘୁ	:	ଦି'ଚାରିବର୍ଷ ? ଆରେ ମୁଁ ପରା ତୋ'ଠୁ ଚାରିବର୍ଷ ୫ ମାସ, ୬ ଦିନ ବଡ଼।

ବିଶି	:	କ'ଣ ହେଇଗଲା ସେଇଠୁ ?
ରଘୁ	:	ହବ କଅଣ ? ତୁ ମତେ ଭାଇନା ବୋଲି ଡାକିବା କଥା ନାଁ....
ବିଶି	:	(ହସି) ଆଚ୍ଛା.... ନ ଡାକିଲେ କଣ କରିବୁ ?
ରଘୁ	:	ନ ଡାକିଲେ.. ୟେସ୍ ନୋ ଅଲ୍ଆଉଟ୍।
ବିଶି	:	ଆଲ୍ଆଉଟ୍ ଭାଇନା.... (ଦୁହେଁ ଖୁବ୍ ହସିଛନ୍ତି। ଏଇ ସମୟେ ଭିତରୁ ମାଳତୀ ଚା' ଗିଲାସ ନେଇ ଆସିଛି। ଏବଂ ଦୁହିଁଙ୍କୁ ଦେଇଛି)
ମାଳତୀ	:	ବୁଝିଲ, କେତେଦିନ ପରେ ବିଶିର ଏ ମନଖୋଲା ହସ ଦେଖିବାକୁ ମିଳୁଛି।
ରଘୁ	:	ହଁ... ଏବେ ତ ବିଶିର ହସିବା ସମୟ ଆସିଛି।
ବିଶି	:	ମାନେ ?
ମାଳତୀ	:	ଖାଲି ତମେ ନୁହଁ ବିଶି - ସୁମିର ବି ଗୋଡ଼ ଆଉ ତଳେ ଲାଗୁନି।
ବିଶି	:	(କେବଳ ଚାହିଁଛି)
ରଘୁ	:	କାହିଁକି ? ବର୍ଷାରେ ଗୋଡ଼ କାଦୁଅ ହବନି ବୋଲି ବିଶି କଣ ସୁମିପାଇଁ ସାଇକେଲ୍ କିଣିଦେଇଛି ?
ମାଳତୀ	:	ହଁ... ସୁମି ପାଇଁ ବିଶି ଗୋଟେ ଦି'ଗୋଡ଼ିଆ ସାଇକେଲ୍ ମାଷ୍ଟ୍ରାଣୀଟେ ଆଣି ଦେଇଛନ୍ତି।
ରଘୁ	:	(ବୁଝିଗଲା ଭଳି) ଓହୋ। (ଆଦୌ ବୁଝି ନପାରି) ଏଁ! ଦି'ଗୋଡ଼ିଆ ... ସାଇକେଲ୍ ମାଷ୍ଟ୍ରାଣୀ ?
ବିଶି	:	କାହିଁକି ତୁ ଭାଉଜ କଥା ଶୁଣୁଛୁ କହିଲୁ ?
ରଘୁ	:	ଆଉ ?
ବିଶି	:	ଚା' ପି - ଥଣ୍ଡା ହେଇଯିବ।
ରଘୁ	:	ହଁ। ହେଲେ ବିଶି, ଏ ସାଇକେଲ୍ ମାଷ୍ଟ୍ରାଣୀ କଥା ମୋ' ମୁଣ୍ଡରେ କିଛି ପଶୁନି।
ମାଳତୀ	:	ତମକୁ ପୋଲିସ୍ ଚାକିରି କିଏ ଦେଇଥିଲା କେଜାଣି...
ରଘୁ	:	ବହୁତ ଦିନ ହେଇଗଲାଣି କିନା... ମନେ ପଡୁନି।

ମାଳତୀ	:	ଆରେ ବର୍ଷା ଆସିବା ପରେ ସୁମିକୁ ତା' ମା ମିଳିଗଲା, ଆଉ ବିଶିକୁ....
ବିଶି	:	ବିଶିକୁ କ'ଣ ? (ଚା ପିଇ) ଭାଉଜ... ଚିନିରେ ଚା' ଟିକିଏ କମ୍ ପଡ଼ିଛି ।
ମାଳତୀ	:	ଚିନିରେ ଚାହା କମ୍ ପଡ଼ିଛି ?
ବିଶି	:	ହଁ... । ନାଇଁ...
ମାଳତୀ	:	ଦେଖୁଛ... ଦେଖୁଛଟି ? ପାଟି କେମିତି ଖନି ମାରିଲାଣି.... !
ରଘୁ	:	ବିଶି... କ'ଣ ହେଇଛି ତୋର ?
ବିଶି	:	ଭାଉଜ... ଚିନି.... (ମାଳତୀ ହସି ହସି ଚାଲିଗଲେ)
ରଘୁ	:	ବୁଝିଲୁ ବିଶି, ମାଳତୀ ମଫସଲୀ ହେଲେ ବି ଆଜି କଥାଟା ଠିକ୍ ଧରିଛି ।
ବିଶି	:	ମାନେ ?
ରଘୁ	:	ତୁ ବା' ହେଇପଡ଼ । (ସଂଗୀତରେ ପରିବର୍ତ୍ତନ । ହଠାତ୍ ବିଶି ଅନ୍ୟମନସ୍କ ହେଇ ପଡ଼ିଛି) ତୁ ତ ଆଉ ବୁଢ଼ା ହେଇଯାଇନୁ ! ସୁମିକୁ ତା' ବୋଉ ମିଳିଯିବ, ଆଉ ତତେ ସାହାରା । (ମାଳତୀ ଘରଭିତରୁ ଆସୁଥିଲେ, କିନ୍ତୁ ନଟବର ଆସୁଥିବା ଦେଖି ପୁଣି ଚାଲିଗଲେ)
ନଟ	:	ବିଶି... (ଆସୁ ଆସୁ)
ବିଶି	:	କ'ଣ ହେଲା ମଉସା ? ଏ ଅବେଳରେ କେମିତି ?
ନଟ	:	ବରଜୁର ଚିଠି ଆସିଛି । କାଲିଠୁ ଆସିଲାଣି ଯେ....
ବିଶି	:	(ଖୁସୀରେ) ବରଜୁର ଚିଠି ? (ନଟ ହାତରୁ ଚିଠି ନେଇ) ରଘୁ... ପଢ଼ିଲୁ... ଖୋଲିକି ଶୀଘ୍ର ପଢ଼ ରଘୁ । କେତେଦିନ ପରେ ତାର ଭାଇ କଥା ମନେ ପଡ଼ିଲା । ତା' ଦିହ ପା' କେମିତି ଅଛି, ଗାଁକୁ କେବେ ଆସୁଛି, ଆରେ ପଢୁନୁ... ?

ରଘୁ : ଓହୋ.. (ଚିଠି ପଢ଼ୁଛି) ପୂଜ୍ୟାସ୍ପଦ ଭାଇନା, ନମସ୍କାର ଗ୍ରହଣ କରିବ। ରଘୁଦାଦା ଓ ଭାଉଜଙ୍କୁ ମୋର ନମସ୍କାର ଜଣେଇଦେବ। ହେ.. ମାଳ... ବରଜୁ ତତେ ନମସ୍କାର କହିଛି।

(ମାଳତୀ ଦୁଆର ମୁହଁରେ ଆସି ଠିଆ ହେଲେ)

ହଁ ମୁଁ ଭଲରେ ଅଛି। ମୁଁ ଏଇ... ଏଇ... ବିଶି ଦେଖିଲୁ... କଣ ଇଂରେଜୀରେ ଲେଖିଛି ... ବୁଝିହେଉନି।

ବିଶି : (ରଘୁ ହାତରୁ ଚିଠି ନଇ ପଢ଼ୁଛି) ମୁଁ ... ଏଇ ବର୍ଷ ମେଡିକାଲ ସାଇନ୍‌ସରେ ଗୋଲ୍ଡ ମେଡାଲ ପାଇଛି। ଏ ରଘୁ ... ବରଜୁ ଆମର ସୁନା ପଦକ ପାଇଛିରେ....

ରଘୁ : ସୁନା ପଦକ ? ସାବାସ୍ (ବିଡି ଲଗେଇ)ପଢ଼।

ନଟ : ଆରେ ଆଗକୁ କ'ଣ ଲେଖିଛି - ପଢ଼।

ବିଶି : ମୁଁ ଡାକ୍ତର ହେଇଗଲି ଭାଇ... ମୁଁ ... (ଖୁସିରେ ଆଖିରେ ଲୁହ ଆସିଯାଇଛି)

ନଟ : ଯା' ହଉ ବିଶି, ତୋ ଆଶା ପୂରଣ ହେଇଛି। ଯାହା ଚାହୁଁଥିଲୁ, ସେଇଆ ହେଲା। ବରଜୁଟା ଡାକ୍ତର ହେଇଗଲା।

ରଘୁ : ନେ ଏଇ ଖୁସିରେ ଦି'ଦମ୍ ବିଡ଼ି ଟାଣିଦେ। (ବିଶି ହାତରୁ ଚିଠିନେଇ) ଭାବୁଛି... .ଭଲ ଜାଗାରେ ଯଦି ଚାକରି ମିଳେ କରିବି ନଚେତ୍ ଏଇଠି ଗୋଟେ ନର୍ସିଂ ହୋମ୍ ଖୋଲିବି। କିନ୍ତୁ ସେଥିପାଇଁ ଟଙ୍କା ଦରକାର। ଯଦି ମୋ' ପାଇଁ ପଚାଶ ହଜାର ଟଙ୍କା ଯୋଗାଡ଼ କରିଦିଅନ୍ତ, ବାକି ମୁଁ ବ୍ୟାଙ୍କ୍‌ରୁ ଲୋନ୍ ଆଣନ୍ତି। ଚେଷ୍ଟା କରିବ ଭାଇ। ମୋର ନିହାତି ଟଙ୍କା ଦରକାର। ଇତି ତମର ବରଜୁ।

(ବିଶି ଲଥ୍ କରି ବସିଯାଇଛି)

ବିଶି : ମୋର ସବୁ ଆଶା, ସବୁ ସ୍ୱପ୍ନ ପାଣିରେ ମିଳେଇ ଦବାକୁ ବସିଛି ବରଜୁ! ପଚାଶ ହଜାର ଟଙ୍କା ମୁଁ ଆଣିବି କୋଉଠୁ ?

ରଘୁ : ତୁ କିଛି ଚିନ୍ତା କରନି ବିଶି, ବରଜୁ ଗାଁକୁ ଆସୁ, ଦେଖିବା।

ବିଶି	:	ଆଉ ଦେଖିବାର କିଛି ନାହିଁ ରଘୁ। ଖାଲି ତା ମୁହଁରୁ ଶୁଣିବା ବାକି ରହିଲା।
ନଟ	:	ଏମିତି ହିଁ ହୁଏରେ ବିଶି। ପିଲାମାନେ ବଡ଼ ହେଇ ଯିବା ପରେ, ଶୀଘ୍ର ଶୀଘ୍ର ମୁଣ୍ଡକୁ ହାତ ପାଇଯାଏ। ତା'ପରେ ସେମାନେ ମସ୍ତିଷ୍କରେ କାମ କରନ୍ତି। ହୃଦୟ କଥା ପଚାରେ କିଏ ? ସେମାନେ ସ୍ନେହର ମୂଲ୍ୟ ଅପେକ୍ଷା ଟଙ୍କା ପଇସାର ମୂଲ୍ୟକୁ ବେଶୀ ବୁଝନ୍ତି। ଏ ଯୁଗଟା ହିଁ ଏମିତି ! ତୋର ସ୍ୱପ୍ନ ସବୁ ପୁରୁଣା ହେଇଗଲାଣି।
ବିଶି	:	ନାଇଁ ମଉସା, ମୋ ସ୍ୱପ୍ନ କେବେ ପୁରୁଣା ହବନି। ତମେ ଦେଖିବ ମଉସା, ବରଜୁ ଏଇ ମହନପୁର ଗାଁରେ ଡାକ୍ତରୀ କରିବ।
ନଟ	:	ଭଗବାନ କରନ୍ତୁ, ତୋରି କଥା ହେଉ।
ରଘୁ	:	କଣ ତମେମାନେ ସବୁ କଥା ହେଉଛ ମୁଁ କିଛି ବୁଝିପାରୁନି। ବରଜୁ ଟଙ୍କା ଯୋଗାଡ଼ କର ବୋଲିତ ଲେଖିଛି ନାଁ... ତୁ ଏବେ ଚିଠି ଲେଖିଦେ ଟଙ୍କା ଯୋଗାଡ଼ ହୋଇପାରିଲାନି। ବାସ୍...
ବିଶି	:	ବାସ୍.. କଥା ସରିଗଲା ? ଯଦି ସେ ତାର ଅଲଗା ଅର୍ଥ ବାହାର କରିବ ?
ରଘୁ	:	ତାର ଅଲଗା ଅର୍ଥ ଆଉ କିଛି ନାହିଁ। ଆରେ ସିଏ ଡାକ୍ତର ହେଲାଣି। ଘରର ଅବସ୍ଥା, ତୋ'ମନର କଥା ସିଏ କଣ ବୁଝିବନି ?
ନଟ	:	ବରଜୁ ବୁଝୁ କି ନବୁଝୁ - ମୁଁ କିନ୍ତୁ ବୁଝିଗଲିଣି। ତୁ ଆଜି ତା' ପାଖକୁ ଚିଠି ଲେଖି ଜଣେଇଦେ। ତାର କଟକରେ ରହିବା ଦରକାର ନାହିଁ। ଗାଁକୁ ଚାଲିଆସୁ। କଣ କହୁଛୁ ବିଶି ?
ବିଶି	:	ମୁଁ ବରଜୁକୁ ଜାଣେ ମଉସା। ସେଇଟା ପିଲାବେଳୁ ଏକଜିଦିଆ। କଣ ଯଦି ଅଘଟଣ କରିବସିବ ?
ରଘୁ	:	ସବୁବେଳେ ପାପ କଥାଗୁଡ଼ା କାହିଁକି ଚିନ୍ତା କରୁଛୁ ? ଯାହା ହବ ସବୁ ଭଲ ହେବ।

ନଟ : ମୁଁ ତ ସେଇଆ କହୁଛି – ହଉ ବିଶି, ଡାକଯିବା ଆଗରୁ ଚିଠି ଲେଖି ବାକ୍ସରେ ପକେଇଦବୁ। ମୁଁ ଚାଲିଲି... ମୋର ଗୁଡ଼ାଏ ଚିଠି ରହିଲାଣି।।

ଆସୁଛିର ରଘୁ...

(ନଟ ସାଇକେଲ ଧରି ଚାଲିଗଲେ)

(ବିଶି ସେମିତି ବାରଣ୍ଡାରେ ମନ ମାରି ବସିଥାଏ)

ରଘୁ : ବେ' ତୁ'ଟାତ ଗୋଟେ ପକ୍କା ମାଇଚିଆ ଦେଖୁଛି। ଆରେ ବରଜୁର ଗୋଟେ ହାତଲେଖା ଚିଠି ପଢ଼ି ଯଦି ତୋର ଏ ଅବସ୍ଥା, ସତ ସତିକା ଯିଏ ଗାଁକୁ ଆସି ଯଦି ଟଙ୍କା ମାଗେ, କ'ଣ କରିବୁ ?

ବିଶି : ତା' ଗାଲରେ ଦି'ଚଟକଣୀ ଦେଇ, ଗୋଡ଼ହାତ ବାନ୍ଧି ଗମ୍ଭୀରା ଘରେ ପକେଇଦେବି।

ରଘୁ : (କେବଳ ହସିଛି)

ବିଶି : ହସୁଛି କଣ ?

ରଘୁ : ଆଜିଯାଏଁ ବରଜୁକୁ କୋଉଦିନ ବଡ଼ପାଟିରେ ଟିକେ କଥା କହିଛୁ ନା ! ସେଃ... ଆସିଗଲା ବରଜୁକୁ ଏ ବୟସରେ ଶାସନ କଲାବାଲା....

ବିଶି : ରଘୁ ! ମୋର କାହିଁକି ଭୟ ହେଉଛି ରେ.... ! ବରଜୁକୁ ଡାକ୍ତରୀ ପଢ଼େଇ ମୁଁ କଣ ଭୁଲ କରିଛି ?

ରଘୁ : ଶୁଣ ବିଶି, ସଂସାରରେ ଏମିତି ବି ଲୋକ ଅଛନ୍ତି, ଯେଉଁମାନେ କେତେ ବଡ଼ବଡ଼ ଦୁଃଖର ବୋଝକୁ ମୁଣ୍ଡେଇ ଏକା ଚାଲିଛନ୍ତି। ଥକି ପଡ଼ିନାହାନ୍ତି। ହାରି ଯାଇନାହାନ୍ତି। ତୋର ହେଇଚି ବା କଅଣ ? ଭାଙ୍ଗିପଡ଼ନି। ସବୁ ଠିକ୍ ହେଇଯିବ। ଚାଲ, ବାଟରେ ପୋଷ୍ଟ ଅଫିସ୍ ପଡ଼ିବ, ଚିଠି ଲେଖି ସେଇଠି ହିଁ ଭରିଦେବୁ। (ଦୁହେଁ ଯାଉଥିଲେ ବିଶି ଅଟକିଲା)

ବିଶି : ରହ, ମୁଁ ଟିକିଏ ଦୁଆରଟା ଦେଇଦିଏ।

ରଘୁ : ଚାଲୁନୁ, କେତେ ଏମିତି ପୋତାଧନ ରଖିଛୁ ଯେ ଚୋର ଆସି

ନେଇଯାଉଛି । ମାଳ, ଆମେ ବଜାରରୁ ଆସୁଛୁ । ବିଶି ଘର ଆଡ଼େ ଟିକେ ଅନେଇଥିବୁ ।

(ଚାଲିଗଲେ । ମାଳ ଦୁଆର ପାଖେ ଆସି ଠିଆହେଲା)

- ମଂଚ ଅନ୍ଧାର -

ତୃତୀୟ ଦୃଶ୍ୟ

ଚରିତ୍ର : ମାଳତୀ, ବର୍ଷା, ସୁମି, ବିଶି, ରାମ

(ସମୟ ଅପରାହ୍ନ। ମାଳତୀ ଘର ବାରଣ୍ଡାରେ ବର୍ଷା ଓ ମାଳତୀ ବସିଛନ୍ତି। ମାଳତୀ ବର୍ଷାର ମୁଣ୍ଡ ବାନ୍ଧି ଦେଉଥାନ୍ତି)

ମାଳତୀ : ତମ ମନକୁ ପାଇବ କି ନାହିଁ କେଜାଣି.... ଆମ ଗାଁ ମାଇପିଙ୍କ ଭଳି ତମ ମୁଣ୍ଡ ବାନ୍ଧି ଦେଇଛି।

ବର୍ଷା : (ହସି ହସି) ଗାଁରେ ଅନ୍ୟ ପ୍ରକାର ମୁଣ୍ଡ ବାନ୍ଧନ୍ତି ନା କ'ଣ ?

ମାଳତୀ : ଘରେ ଆଉ କିଏ କିଏ ସବୁ ଅଛନ୍ତି ?

ବର୍ଷା : ମାମୁଁ ମାଇଁଙ୍କ ପାଖରେ ପିଲାବେଳୁ ବଢ଼ିଛି। ମୋ ପାଇଁ ସେମାନେ ବାପା-ମା'। ମୁଁ ଏଠିକୁ ଚାଲିଆସିଲି, ବାସ୍ ଘରେ ଦୁଇଜଣ।

ମାଳତୀ : ସହର ଛାଡ଼ି ଏ ଅପନ୍ତରା ଗାଁକୁ ମାଷ୍ଟରାଣୀ ହବ ବୋଲି ଆସିଛ, ସେମାନେ ବାରଣ କଲେନି ?

ବର୍ଷା : ବାରଣ କାହିଁକି କରିବେ ? ସେଇମାନେ ତ ମତେ ପଠେଇଛନ୍ତି।

ମାଳତୀ : ଏକୁଟିଆ ... ଝିଅଟିଏ ହେଇ ଏତେବାଟ ଚାଲି ଆସିଛ, ତମକୁ ଭୟ ଲାଗିଲାନି ?

ବର୍ଷା : ମୁଁ ତ ଆଉ କୋଉ ଜଙ୍ଗଲକୁ ଆସିନି ଅପା ! ଭୟ କାହିଁକି ଲାଗିବ ?

ମାଳତୀ : ଧନ୍ୟ କହିବ ତମ ସାହସକୁ। ନ ହେଲେ ଆମବେଳେ ତ ଘରୁ ଗୋଡ଼ କାଢ଼ିବାକୁ ହେଲେ ସାଙ୍ଗରେ ଜଣକୁ ନନେଲେ ଗାଁଲୋକେ କେତେ କଥା କହୁଥିଲେ। ବେଶୀ ପାଠ ପଢ଼ିଲେ ଖରାପ ହେଇଯିବ ବୋଲି ପଂଚମ ଶ୍ରେଣୀରୁ କାଢ଼ି ଆଣିଲେ। ଏବେ ପଢୁଆ ଝିଅମାନଙ୍କୁ ଦେଖିଲେ ଭାରି ଖୁସି ଲାଗୁଛି।

ବର୍ଷା : ତମେ ଚିନ୍ତା କରନି ଅପା ! ମୁଁ ତମକୁ ପଢ଼େଇ ଦେବିନି ?

ମାଳତୀ : (ହସି) ଯାହା ନ ହୋଇଛି ବାଳୁତ କାଳେ, ତାହା କି ହେବ ପାଚିଲାବାଳେ ! ଛାଡ଼, ଆଉ ଆମ ମହନପୁର ତମକୁ କେମିତି ଲାଗୁଛି ?

ବର୍ଷା : ଏଥିରେ ଆଉ ପଚାରିବାର ଅଛି ଅପା ! ଗାଁ ସବୁବେଳେ ଭଲ। ସହରର ଚାଚଚକ୍ୟ ସିନା ଏଇଠି ନାହିଁ, ହେଲେ ଗାଁର ସରଳତା, ସହରରେ ଖୋଜିଲେ ମିଳିବ କୋଉଠି ? ମୋର ତ ଇଚ୍ଛା ହଉଛି, ସବୁଦିନ ଏଇଠି ରହିଯାଆନ୍ତି କି ! ଅପା, ଏଇ ଆଖପାଖରେ କୋଉଠି ଘରଖଣ୍ଡେ ଭଡ଼ାରେ ମିଳିବନି ?

ମାଳତୀ : ଘର ? ଘର କଣ କରିବ ?

ବର୍ଷା : ଆଉ କଣ ସବୁଦିନ ଏଇଠି ରହିଥିବି ? ବୁଝିଲ ଅପା, ଛୋଟ ଘରଟିଏ ହେଲେ ବି ଚଳିବ। ଏକୁଟିଆ ମଣିଷ ଯେମିତି ହେଲେ ଆଡଜଷ୍ଟ କରିଦେବି।

ମାଳତୀ : ସେ ଘର ଯଦି ତମ ମନକୁ ପାଉନି, ଏଠିକୁ ଚାଲି ଆସୁନ।

ବର୍ଷା : ନାଇଁମ ଅପା, ସେ ଘର ଏ ଘର ଭିତରେ ଫରକ କଅଣ ? ଦୁଇଟି ଅଲଗା ଘର କରି ପଡ଼ୋଶୀ ହୋଇ ସିନା ଆପଣମାନେ ରହିଛନ୍ତି, ହେଲେ ମନପ୍ରାଣ ଗୋଟିଏ।

ମାଳତୀ : ତା'ହେଲେ ଆମେ ସିନା ଗରିବ ଲୋକ, ଆମ ଘରେ ରହିବାକୁ ତମକୁ ଭଲ ଲାଗିବନି, ହେଲେ.... ଆଚ୍ଛା, ବିଶି ତମକୁ କିଛି କହିଲେ କି ?

ବର୍ଷା : ତମେ ବି ଅପା... କଥାକୁ ଅଲଗା ବୁଝୁଛ। ସିଏ କାହିଁକି ମତେ କ'ଣ କହିବେ ? ଆସିବା ଦିନଠୁ ମୋ ସହ ସେ ପଦେ

ବି କଥା ହେଉନାହାନ୍ତି। ଦିନ ଦୁଇଟା ଭିତରେ ଆପଣମାନଙ୍କ ପାଖରୁ ମୁଁ ଯେଉଁ ସ୍ନେହ ମମତା ପାଇଛି, ଜୀବନରେ କେବେ ବି ଭୁଲି ପାରିବିନି ଅପା।

ମାଳତୀ : ଏ ଦି'ଜଣଙ୍କୁ ଭିତରେ ଭାଇଠୁ ବଳି ସିନିହ ଅଛି। ବିଶି ବାମୁଣ ଲୋକ ହେଲେ ବି ଆମରି ଘରେ ତାଙ୍କର ଖିଆପିଆ, କିଛି ବାରଣ ନାହିଁ।

ବର୍ଷା : ସେଇ ଟିକକ ସ୍ନେହ ମମତା, ମାନବିକତା, ଏଯାଏଁ ମଣିଷ ଭିତରେ ଅଛି ବୋଲି ତ ଏ ସଂସାର ଚାଲିଛି, ନହେଲେ କେଉ ଦିନରୁ ଧୂଳିସାତ୍ ହେଇ ସାରନ୍ତାଣି।

ମାଳତୀ : କହିଲନି ତ.... କାହିଁକି ଏଠୁ ଚାଲିଯିବ କହୁଛ ?

ବର୍ଷା : ମୁଁ ଭାବୁଥିଲି, ଅଯଥାରେ ମୁଁ କାହିଁକି ସମସ୍ତଙ୍କୁ ହଇରାଣ କରିବି, ବରଂ....

ମାଳତୀ : ହଇରାଣ କ'ଣ ? ତମେ ଚାଲିଗଲେ ସୁମିପାଇଁ ଆମେ ହଇରାଣ ହେଇଯିବୁ।

ବର୍ଷା : କୁଆଡ଼େ ଯାଇଛି ସିଏ ? ଅନେକ ବେଳୁ ତାକୁ ଦେଖୁନି।

ମାଳତୀ : ତମରି କାମରେ ପରା ଯାଇଛି।

ବର୍ଷା : ମୋ କାମରେ ? ମୁଁ ତ ତାକୁ କିଛି କାମ ଦେଇନି ଅପା।

ମାଳତୀ : ତମରି ପସନ୍ଦିଆ ଜିନିଷ ଆଣିବାକୁ ପରା ଯାଇଛି।

ବର୍ଷା : ମୋ ପସନ୍ଦିଆ ଜିନିଷ ?

ମାଳତୀ : ଆମ ଘରେ ଥିଲା ମାଁ... ସରିଯାଇଛି। ଆମର ଯାଙ୍କୁ ଭାରି ପସନ୍ଦ। ବିଶି ତ' ଗୋଟିଏରେ କଂସେ ପଖାଳ ଠୁଙ୍କିଦେବେ।

ବର୍ଷା : ଓହୋ.. ଆଚାର ଆଣିବାକୁ ଯାଇଛି ତା'ହେଲେ.... କେଉଠିକୁ ଯାଇଛି ?

(ସୁମି ଗୋଟାଏ ଛୋଟ ଗିନାରେ ଆଚାର ଧରି ଦୌଡ଼ି ଦୌଡ଼ି ଆସିଛ)

ମାଳତୀ : ହେଇ ଆସିଗଲାତ... ମୋ' ମା'ର ଶହେବର୍ଷ ଆୟୁଷ ହେବ।

ବର୍ଷା : (ସ୍କୁଲ ଟିଚର ଭଳି) କିରେ କୁଆଡ଼େ ଯାଇଥିଲୁ ?

ସୁମି : (ଆଚାର ଲୁଚେଇ) କୁଆଡ଼େ ନାଇଁ ବୋଉ....

ବର୍ଷା : ପଛପାଖେ କ'ଣ ଲୁଚେଇଛୁ ?

ସୁମି : କିଛି ନାଇଁ।

ମାଳତୀ : କିଲୋ କି ଆଚାର ଆଣିଲୁ ?
(ମାଳତୀ କହିଦେବା ଯୋଗୁଁ ସୁମି ରୁଷିଛି)

ସୁମି : ନାଇଁ ଯା.. ତମକୁ କିଏ କହିଲା କହିଦେବାକୁ... ମୁଁ ତ ଭାବିଥିଲି ବୋଉକୁ ଚମକେଇ ଦେବି ବୋଲି। ଉଁ... (ଖତେଇ ହେଇ)

ବର୍ଷା : ଓହୋ.. ତମର ତ ବିରାଟ ଭୁଲ ହେଇଯାଇଚି ଅପା !

ସୁମି : ଖୁଡ଼ିଟା ନାଁ ପୁରା ବୋକିଟେ।

ମାଳତୀ : ଆଲୋ ମୁଁ କ'ଣ ତୋଠୁ ବେଶୀ ଚାଲାକ୍ ହେଇଥାନ୍ତି ନା କ'ଣ ? ମୁଁ ତ ମୁରୁଖ ଖୁଡ଼ିଟେ... ସୁମି ଆମର କେତେ ପାଠ ପଢ଼ିଲାଣି...

ସୁମି : (ଖତେଇ ହେଇ ଖୁଡ଼ିକୁ ନକଲ କରିଛି)

ବର୍ଷା : ସୁମି, ଖୁଡ଼ିମାନଙ୍କୁ ସେମିତି ଖତେଇ ହନ୍ତିନି।

ସୁମି : ସରି ଖୁଡ଼ି...

ମାଳତୀ : ସରିଗଲା ? (ସୁମି ହସିଛି)

ବର୍ଷା : ସୁମି... ଭୁଲ ମାଗିଲା ଅପା...

ମାଳତୀ : ସତେ !

ସୁମି : ନିଅ ବୋଉ.. ଆଚାର।

ବର୍ଷା : ଯା ରଖିଦେ। ଭାତ ଖାଇଲାବେଳେ ଖାଇବା।

ସୁମି : ବହୁତ ଅଛି। କୁନୀ ମାଉସୀ ପରା ଆହୁରି ଦେଉଥିଲେ। ମୁଁ ମନା କରିଦେଲି। କହିଲି, ତମର ସରିଯିବ, ଥାଉ। ନିଅ ବୋଉ।

ମାଳତୀ : ଖାଉନ – ଏତେ ଲାଜ କିଆଁ କରୁଛ ?
(ବର୍ଷା ଆଚାର ଖାଇବା ପୂର୍ବରୁ ମାଳତୀକୁ ବି ଖାଇବାକୁ କହିଛି। ମାଳତୀ ମନା କରିଛି। ବର୍ଷା ଖାଇଚି। ରାଗରେ

ପାଟି ଜଳିଯାଇଛି। ସୁମି ତାଳି ମାରି ହସିଛି। ବର୍ଷା ପାଣି.. ପାଣି... କହି ଅଗଣା ସାରା ଦୌଡ଼ିଛି। ଏଇ ସମୟେ ବାହାରୁ ବିଶି ଆସିଛି। ତାକୁ ଦେଖି ହଠାତ୍ ରହିଯାଇଛି ବର୍ଷା। ତା' ପାଟିରୁ ଆପେ ବାହାରି ଆସିଛି)

ବର୍ଷା : ରାଗ ଆଚାର।

ବିଶି : (ଆଦୌ ନ ବୁଝି) ରାଗ ଆଚାର ?

ବର୍ଷା : ଓ ଅପା.. ପାଣି... (ସୁମି ହସୁଥାଏ)

ବିଶି : ସୁମି, କଣ ହୋଇଛି।
(ମାଳତୀ ପାଣି ଗ୍ଲାସ ବର୍ଷାକୁ ଦେଇଚି)
କ'ଣ ହେଲା ଭାଉଜ ?

ମାଳତୀ : ରାଗ ଆଚାର...।

ବିଶି : ରାଗ ଆଚାର.. !

ମାଳତୀ : ଓହୋଃ ବର୍ଷା ରାଗ ଆଚାର ଟକେ ଖାଇଦେଲେ ତ....
(ବର୍ଷା ତଥାପି ସୁ.. ସୁ... ହେଉଥାଏ। ବିଶି ଦଉଡ଼ି
ଯାଇ ଚଉରା ମୂଳେ ଥିବା ଭୋଗରୁ ଚିନି ଆଣି ଦେଇଛନ୍ତି)

ବିଶି : ନିଅ, ଚିନି ଟିକିଏ ଖାଇଦିଅ, ଭଲ ଲାଗିବ।

ମାଳତୀ : ଇଏ ଗଲେ କୁଆଡ଼େ ? ତମେ ଦିହେଁ ପରା ମିଶିକି ଯାଇଥିଲ ? କୋଉଠି ଛାଡ଼ିଦେଇ ଆସିଲ ?

ବିଶି : (ହାତରେ ଧରିଥିବା ବ୍ୟାଗ୍ ଗୁଡ଼ିକୁ ବଢ଼େଇ) ମୁଁ ପରା କ୍ଷେତରୁ ଆସୁଛି।
(ସୁମି ଓ ବର୍ଷା ବ୍ୟାଗ୍ ଧରି ଚାଲିଗଲେ)

ମାଳତୀ : ଚା' ପିଇବ ?

ବିଶି : ନାଇଁ..।

ମାଳତୀ : ସନ୍ଧ୍ୟା ହେଲାଣି, ଆଜି କୀର୍ତ୍ତନ କରିବନି ନା କ'ଣ ? କେହି ତ ଆସିନାହାନ୍ତି।

ବିଶି : ଯିଏ ଯାହାର କାମ ସାରି ତ' ଆସିବେ ଭାଉଜ। ଭାଉଜ...

କଣ ଗୋଟେ ପୋଡ଼ା ପୋଡ଼ା ଗନ୍ଧ ହଉଚି ନାଁ କଣ ?

ମାଳତୀ : କି ଗନ୍ଧ ? ଇଲୋ ମୋ' ଡାଲିଟା ପୋଡ଼ିଗଲା ନା କଣ..! ॥ ଦୌଡ଼ି ଚାଲିଯାଇଚି ଭିତରକୁ। ବିଶି ହସି ହସି ସୁମିକୁ ଡାକ ପକେଇଛି ॥

ବିଶି : ସୁମି, ପାଣି ଢାଳେ ଆଣିଲୁ... (ସାର୍ଟ୍ ଆଣି ପିନ୍ଧିଲେ)

ବର୍ଷା : (ପାଣି ଢାଳ ଧରି)

ବିଶି : ଆରେ, ତମେ କାହିଁକି... ସୁମି ଗଲା କୁଆଡ଼େ ? ସୁମି... ଏ ସୁମି....

ବର୍ଷା : ସିଏ ଆସି ଆଉ କଣ କରିବ ? ମୁଁ ପରା ପାଣି ନେଇଆସିଛି।

ବିଶି : (ହାତ ମୁହଁ ଧୋଇ ଓ ପାଣି ପିଇଛି) ସତରେ ତମେ ଆସିବା ପରେ ସୁମିପାଇଁ ମୋର ଏକରକମ ଚିନ୍ତା ଚାଲିଯାଇଛି। ବଡ଼ ଅଭାଗିନୀଟା.. ଏଡ଼ିକି ଟିକିଏ ହେଇଥିଲା, ତା' ମା' ଚାଲିଗଲା। ବିଚାରୀ ମା' କଣ ଜାଣିଲାନି। ତମକୁ ଦେଖି ସେ କ'ଣ ବୁଝିଲା କେଜାଣି ବୋଉ... ବୋଉ... ଡାକୁଛି। କିଛି ଖରାପ ଭାବିବନି। ଏବେ ତମେ ଅଛ, ସବୁ ଠିକ୍ ଅଛି। କିନ୍ତୁ ତମେ ଚାଲିଗଲା ପରେ ମୁଁ ତାକୁ କେମିତି ଯେ ବୁଝେଇବି, କିଛି ଭାବିପାରୁନି।

(ଭିତରୁ ସୁମି ଡାକିଛି)

ସୁମି : (ଭିତରୁ) ବୋଉ.... ବୋଉ....

ବର୍ଷା : ମତେ କ'ଣ ଘରୁ ତଡ଼ିଦେବେ ?

(ଏକ ରାଗ ସଂଗୀତର ଆଳାପ ଚାଲିଛି। ବର୍ଷା କିଛି ସମୟ ପରେ ଢାଳ ନେଇ ଚାଲିଯାଇଛି। ବିଶି ବାରଣ୍ଡାରୁ ହାର୍‌ମୋନିୟମ ଧରି ଆସି ଖଟ ଉପରେ ବସି ଗୀତଟିଏ ଗାଇଛି। ତାରି ଭିତରେ ବାହାରୁ ରାମ ଆସି ଗୀତ ଶୁଣୁଛି। ରାମ ଆସିଲା ପୂର୍ବରୁ ଦୁଆର ପାଖେ ବର୍ଷା ଓ ସୁମି ଗୀତ ଶୁଣିଛନ୍ତି)

ରାମ : ତମେ ଗାଅ ବିଶିଆଇ, ଭଲ ଲାଗୁଛି।

ବିଶି	:	ଆଜି କ'ଣ ତୁ ଏକା ? ନଟ ମଉସା କୁଆଡ଼େ ଗଲେ ?
ରାମ	:	ଆସୁଥିବେ।
ବିଶି	:	ତୁ ଏତେ ଆଗରୁ କେମିତି ଚାଲି ଆସିଲୁ ? (ହାରମୋନିୟମ ଉଚିତ୍ ସ୍ଥାନରେ ରଖି)
ରାମ	:	ଆଜି ବଡ଼ବାବୁ ଭୁବନେଶ୍ୱରରୁ ଆସିଲେ। ତାଙ୍କୁ କହିଦେଇ ଶୀଘ୍ର ଚାଲିଆସିଲି।
ବିଶି	:	ଆଉ ତୋ' ସାନବାବୁ ? ସିଏ ଘରେ ନାହିଁ ?
ରାମ	:	ତାଙ୍କ କଥା କୁହନି ବିଶିଆଇ - ବଡ଼ବାବୁ ବାହାରକୁ କୁଆଡ଼େ ଗଲେ ମାନେ ମୋ' ଅବସ୍ଥା କାଇଲା। ସବୁବେଳେ ସାନବାବୁଟା ମୋ' ଉପରେ ଗରଗର ତମତମ। ତମେ କହିଲ ବିଶିଆଇ, ମୁଁ ଚାକର ବୋଲି କଣ ମଣିଷ ନାଇଁ ? (ଭିତରୁ ହାତରେ ସଂଜଦୀପ ଧରି ମାଳତୀ ଆସିଛି ଏବଂ ଚଉରା ପାଖରେ ରଖି ମୁଣ୍ଡିଆ ମାରିଛି)
ରାମ	:	ମାଉସୀ ଟିକେ ପାଣି ମିଳିବ ?
ମାଳତୀ	:	ଶୋଷ ଲାଗୁଚି ? ପିଇବୁ ?
ରାମ	:	ହଁ...।
ମାଳତୀ	:	ପେଟ ତ ପଶିଯାଇଛି। ସକାଳୁ କିଛି ଖାଇଛୁ ନା ନାହିଁ ?
ରାମ	:	(ତଳକୁ ମୁଣ୍ଡ ପୋତି ଠିଆ ହୋଇଛି)
ମାଳତୀ	:	କଣ ଟିକିଏ ଆଣିଦେବି - ଖାଇବୁ ?
ରାମ	:	ନାଁଇ ଥାଉ।
ମାଳତୀ	:	ଆରେ ପେଟରେ ଭୋକଥାଇ ମୁହଁରେ ଲାଜ କିଆଁ ?
ରାମ	:	ମୋର ତ ସବୁଦିନେ ଏମିତି।
ବିଶି	:	କଣ ହେଲା ? ତତେ ଏମ୍ଏଲ୍ଏ ବାବୁ ଖାଇବାକୁ ଦେଉନି ? ତୁ'ତ ମତେ କେବେ କହିନୁ ?
ରାମ	:	ଯେତେବେଳେ ଯାହା ବଂଚିଯାଏ -ଖାଇ ଦିଏ।
ମାଳତୀ	:	ଆହା, ବିଚରା କେତେ କଷ୍ଟରେ ଅଛି ! ମୁଁ ଏଇ ସାଙ୍ଗେ ସାଙ୍ଗେ ଆଣୁଛି। କୁଆଡ଼ ଯିବୁନି। (ମାଳ ଭିତରକୁ ଚାଲିଗଲେ)

ବିଶି : ଏତେ ବଡ଼ କଥା ତୁ ଆମକୁ ଲୁଚେଇଛୁ ?

ରାମ : ଠାକୁରେ ସବୁ ଦେଖୁଛନ୍ତି ବିଶିଆଇ। ସମସ୍ତେ ଜାଣନ୍ତି, ମୁଁ ଏତେବଡ଼ ଲେକ ଘରେ କାମ କରୁଛି, ବେଶ୍ ମଉଜରେ ଅଛି। ମୋ'କପାଳ... ମୋର ଯଦି ସମସ୍ତେ ଥାଆନ୍ତେ... ମୁଁ କାହିଁକି ପରଘରେ ଗୋତି ଖଟିଥାନ୍ତି ?

ବିଶି : ଆମକୁ ପର ବୋଲି କାହିଁକି ଭାବୁଚୁ ?

ରାମ : ନାଇଁ ବିଶିଆଇ ! ବାପ-ମା ନଥିବା ଅନାଥ ପିଲାଟେ ବୋଲି ନିଇତି ତମେ ଭୋଗ ଟିକିଏ ବେଶି ବେଶି ମତେ ଦିଅ, ମୋର ପେଟ ପୁରିଯାଏ। କୋଉ ଗାଁ...କୋଉଠି ମୁଁ ଜନ୍ମ ହେଇଥିଲି, ମୋର କିଛି ମନେ ନାହିଁ। ଏତୁଟିଏ ହେଇଥିଲି ମୋ ବା' ମାଛ ମାରିବାକୁ ଦରିଆକୁ ଗଲା ଯେ - ଆଉ ଫେରିଲାନି। ମୋ ମା' ଗୋଟେ ବଡ଼ ଲୋକ ସାଙ୍ଗରେ କୁଆଡ଼େ ପଳେଇଲା। ମୁଁ ଭୋକ ବିକଳରେ ରାସ୍ତା କଡ଼ରେ କାନ୍ଦୁଥିଲି, ଏମଏଲଏ ବାବୁ ମତେ ନେଇ ଆସି ଜୀବନ ଦେଲେ। ମୋର କେହି ନାହିଁ ବିଶିଆଇ.... କେହିନାହିଁ। (କାନ୍ଦିଛି)

ବିଶି : କାନ୍ଦନାରେ ....
(ମାଳ ଖାଇବା ଥାଳି ନେଇ ଆସି)

ମାଳ : କାନ୍ଦନାରେ ବାବୁ ! (ଲୁଗା କାନିରେ ଲୁହ ପୋଛିଦେଇ) ଆରେ ସବୁ ଲୋକ ପାଖରେ କ'ଣ ସବୁ ଥାଏ ? ମନ ଯାହା ଚାହେଁ, ଯଦି ସବୁ ମିଳିଯାଉଥାନ୍ତା, ତା'ହେଲେ ସଂସାରରେ ଦୁଃଖ ବୋଲି କିଛି ନଥାନ୍ତା। ନେ.. ଖାଇଦେ...
(ରାମ ମୁଡ଼ି ଖାଉଥାଏ ଆଉ କାନ୍ଦୁଥାଏ। ସଂଗୀତରେ ଏକ କରୁଣ ଆଳାପ)

- ମଂଚ ଅନ୍ଧକାର -

ଚତୁର୍ଥ ଦୃଶ୍ୟ

ଚରିତ୍ର : ସୁରେଶ, ବର୍ଷା, ସୁମି, ମାଳତୀ

(ପ୍ରାୟ ଶୁନ୍ୟମଂଚ। ବର୍ଷା କୌଣସି କାମରେ ବ୍ୟସ୍ତ ହୋଇ ଆସିଛି। ନଜରରେ ପଡ଼ିଛି ହାରମୋନିୟମ। ତାକୁ ବିଶିର ସେଇ ଗୀତଟି ମନେ ପଡ଼ିଛି। ସେ ବସି ହାରମୋନିୟମ ବଜେଇବାକୁ ଚେଷ୍ଟା କରିଛି। ଭିତରୁ ସୁମି ଆସି ବର୍ଷା ବଜେଇ ପାରୁନଥିବା ଦେଖି ହସିଦେଇଛି। ଏଇ ସମୟେ ବାହାରୁ ଚୋର ଭଳି ପ୍ରବେଶ କରିଛି ସୁରେଶ। ହଠାତ୍ ସାମ୍ନାରେ ବର୍ଷାକୁ ଦେଖି)

ସୁରେଶ : ନମସ୍କାର।

ବର୍ଷା : (ଚମକି) ତମେ ?

ସୁରେଶ : ସୁରେଶ ଚୌଧୁରୀ, ସନ୍ ଅଫ୍ ଗୌରୀଶଙ୍କର ଚୌଧୁରୀ ଏମଏଲଏ ତମକୁ ନମସ୍କାର କରୁଛି। ମାନିଗଲି। କି ଜାଲ ପକଉଛ ?

ବର୍ଷା : ଚାଲ ସୁମି...। (ଯିବାକୁ ଉଦ୍ୟତ)

ସୁରେଶ : କୁଆଡ଼େ ମାଡାମ୍ ? ମୁଁ ପରା ତମରି ପାଖକୁ ଆସିଛି।

ବର୍ଷା : ତମ ଭଳି ଜଣେ ଅଭଦ୍ରଲୋକ ପାଖରେ ମୋର କିଛି କାମ ନାହିଁ।

ସୁରେଶ : ଭାବିଥିଲେ, ଏଇଠି ଆସି ଲୁଚିଗଲେ ମୁଁ ଜାଣିପାରିବିନି ? ମେଡାମ୍... ଚୌଧୁରୀ ବଂଶର ଚେର ଏ ଗାଁଟା ସାରା ମାଡ଼ିଯାଇଛି। ଯୋଉଠି ଖୋଳିବେ ମତେ ସେଇଠି ପାଇବେ।

ବର୍ଷା	:	କ'ଣ କହିବାକୁ ଚାହୁଁଛ ?
ସୁରେଶ	:	ବିଶିଆ ତମକୁ ଏଇଠି ଲୁଚେଇ ରଖି, ସବୁଦିନ ସାହାରା ଦେବ, ଏ ଗ୍ୟାରେଂଟି ତମେ ତା'ଠୁ ଆଣିଛ ନା ନାଇଁ ?
ବର୍ଷା	:	ଗ୍ୟାରେଂଟିର କୌଣସି ଆବଶ୍ୟକତା ନାହିଁ ସୁରେଶ ବାବୁ। ଅମଣିଷଙ୍କ ଇଲାକାରେ ବି' ଭଲ ମଣିଷ ରହନ୍ତି। ମୁଁ ଜଣେ ଟିଚର୍। ତମଭଳି ଅମଣିଷ ମାନଙ୍କୁ ମଣିଷ କରିବାକୁ ଆସିଛି। କାଲି ଆସି ସ୍କୁଲରେ ଏଡ଼ମିଶନ୍ ନେଇଯାଅ। (ସୁମି ହସିଦେଇଛି)
ସୁରେଶ	:	ଜାଲ ପକଉଛ ! ତମେ ଯୋଉ ସ୍କୁଲକୁ ଟିଚର୍ ହେଇ ଆସିଛ ନା ମାଡାମ୍ – ସେଇ ସ୍କୁଲଟା ବି ଆମର। କେତେ ଦରମା ପାଉଛ ? ହଜାରେ ? ବାରଶ ? କହିବ ଯଦି ଦୁଇହଜାର କରିଦେବା।
ବର୍ଷା	:	କାହିଁକି ମୁଁ କଣ ତମର ଭଉଣୀ ?
ସୁରେଶ	:	ଜାଲ ପକଉଛ ?
ବର୍ଷା	:	ବେଳେବେଳେ ଜଙ୍ଗଲର ପଶୁମାନଙ୍କୁ ଜାଲ ପକେଇ ଧରାଯାଏ ସୁରେଶ ବାବୁ। ମୁଁ ଖାଲି ଚିନ୍ତା କରୁଛି, ତମେ କୋଉ ଚିଡ଼ିଆଖାନାରେ ରହିପାରିବ !
ସୁରେଶ	:	ଜାଲ ଛିଣ୍ଡିଯାଇ ପାରେ ମାଡାମ୍। କାରଣ ଜାଲ ତିଆରି କରୁଥିବା କାରିଗର ବି ମୋର।
ବର୍ଷା	:	ସବୁ ମୋର ମୋର ହୁଅନ୍ତୁନି ସୁରେଶ ବାବୁ। ଅସୁବିଧାରେ ପଡ଼ିଯିବେ।
ମାଳତୀ	:	(ଭିତରେ ଥାଇ) କିଏ ଆସିଛି ବର୍ଷା... ?
ସୁରେଶ	:	ଓ.... ତମ ନାଁ ତାହେଲେ ବର୍ଷା। ଦେଖ ବର୍ଷା, ତମଭଳି ଜଣେ ମଡର୍ଣ୍ଣ ଝିଅ ଏଇ ଛଣ ଛପର ଘରେ ରହିଲେ ମତେ ଭାରି ଖରାପ ଲାଗିବ। ଆସ, ମୋର ତିନିମହଲା କୋଠା ଖାଲି ପଡ଼ିଛି। ସେଇଠି ରହିବ।

(ଭିତରୁ ମାଳତୀ ଆସିଛନ୍ତି)

ମାଳତୀ : କିଏ ଆସିଛି ମ ? (ହଠାତ୍ ସୁରେଶକୁ ଦେଖି) ଏ ବାଡ଼ିପଡ଼ାଟା ଏଠିକୁ କାହିଁକି ଆସିଛି ?

ସୁରେଶ : ଏ... ଏ... ଗାଳି କାହାକୁ ଦେଉଛୁ ବେ.. ମୁହଁ ସମ୍ଭାଳି କଥାଭାଷା କର।

ମାଳତୀ : ଆରେ ଯା... ଯା.. ସେ ମରଦପଣିଆ ଆଉ କୋଉଠି ଦେଖେଇବୁ

ବର୍ଷା : ଅଭଦ୍ର କୋଉଠିକାର।
(ବର୍ଷା ଓ ମାଳ କହୁଥିବା ଦେଖି ସୁମି ସାହାସ ପାଇ)

ସୁମି : ବେଶୀ ଫୁଟାଣି ଦେଖଉଛନ୍ତି। ଯାଅ ଆମ ଘରୁ।
(ଯାଇ ବାରଣ୍ଡାରେ ବସି କାନ୍ଥକୁ ଭରା ଦେଇ ବସିଛି)

ବର୍ଷା : ଜାଲ ପକଉଛ ! ତମେ କି ତମ ବାପା ମହନପୁରକୁ କଂଟ୍ରାକ୍ଟରେ ନେଇନାହାନ୍ତି। ଏଇଟା ତମର ମନେ ରଖିବା ଉଚିତ୍।

ସୁରେଶ : କଂଟ୍ରାକ୍ଟ ! କଂଟ୍ରାକ୍ଟ ଅନୁଯାୟୀ ତ ତମେ ମୋ' ଘରେ ରହିବା କଥା। ୫୦ ହଜାର ଟଙ୍କା ଦେଇଛି। ତମ ମାମୁଁ ତ ଠକିଦେଲେ। କିନ୍ତୁ ତାର ସୁଧ ମୁଁ ଏଇଠି ତମଠୁ ଆଦାୟ କରିବି। ନମସ୍କାର। (ପ୍ରସ୍ଥାନ)

ମାଳତୀ : ବର୍ଷା, ଏ ଚୌଧୁରୀ ପୁଅକୁ ତମେ କେମିତି ଜାଣିଲ ?

ବର୍ଷା : ମୁଁ ଜାଣିପାରୁନି ଅପା, ଭଗବାନ୍ ମୋ' ଜୀବନରେ ହିଁ ଏତେ ଦୁଃଖ କାହିଁକି ଦେଇଛନ୍ତି ! ପିଲାଟି ଦିନରୁ ବାପା-ମା ସ୍ନେହରୁ ବଂଚିତ ହେଲି। ମାମୁଁ-ମାଇଁ ପାଖରେ ରହିଲି ଯେ, ଚାକରାଣୀଠୁ ବି ଆହୁରି ହୀନ ହେଇ ରହିଲି। ସବୁ ଦୁଃଖକୁ ପାଶୋରି ଦେଇ ଗାଁକୁ ଆସିଲି ଯେ, ଏଇଠି ବି...

ମାଳତୀ : ଯାହା କପାଳରେ ଲେଖାଥିବ.... ତାକୁ ତ ଭୋଗିବାକୁ ପଡ଼ିବ। ଭଗବାନ ବଡ଼ଲୋକ। ଆମ ହାତରେ କିଛି ନାଇଁ। ବାପା-ମା ଚାଲିଯିବା ପରେ ଦେବତାଙ୍କ ଭଳି ମାମୁଁ-ମାଇଁ ପାଇଲା-ନହେଲେ...

ବର୍ଷା : ଦେବତା... ! କାହାକୁ ତମେ ଦେବତା କହୁଛ ଅପା ? ମୋ

ମାମୁଁ ମାଇଁ ? ସେମାନେ ମାମୁଁ-ମାଇଁ ନାଁରେ ଜଣେ ଜଣେ ରାକ୍ଷସ ।

ମାଳତୀ : ତମେ ଏ କ'ଣ କହୁଛ ବର୍ଷା ?

ବର୍ଷା : ମୁଁ ସତ କହୁଛି ଅପା । ସେମାନେ ମତେ ପାଖରେ ରଖିଥିଲେ ନିଜ ସ୍ୱାର୍ଥ ପାଇଁ ।

ମାଳତୀ : ମୁଁ କିଛି ବୁଝିପାରୁନି ।

ବର୍ଷା : ଯୋଉଦିନ ଏଇ ମହନପୁର ସ୍କୁଲରେ ଟିଚର ପୋଷ୍ଟ ପାଇଁ ଏପଏଂଟ୍‌ମେଂଟ୍ ପାଇଲି, ଖୁସୀରେ ମାଇଁଙ୍କୁ କହିବାକୁ ଗଲାବେଳେ ଶୁଣିଲି, ସେମାନେ ୫୦ ହଜାର ଟଙ୍କାରେ ଗୋଟେ ଲମ୍ପଟ ମଦୁଆ ହାତରେ ମତେ ଛନ୍ଦି ଦେବାର ଚକ୍ରାନ୍ତ କରୁଛନ୍ତି । ଏ କଥା ଶୁଣି ମୁଁ ଭାଙ୍ଗିପଡ଼ିଲି । ନିଜ ଭାଗ୍ୟକୁ ନିନ୍ଦି ବହୁତ କାନ୍ଦିଲି । ତା' ପରଦିନ ସକାଳେ କାହାକୁ କିଛି ନ କହି ବସ୍‌ରେ ବସି ମହନପୁର ଚାଲିଆସିଲି ।

ମାଳତୀ : ହେଲେ ତମେ ତ ମାମୁଁ-ମାଇଁଙ୍କ ବିଷୟରେ ଅଲଗା କଥା କହୁଥିଲା ବର୍ଷା ?

ବର୍ଷା : ମିଛ କହୁଥିଲି । ମାମୁଁ-ମାଇଁ ଭଳି ଗୋଟେ ପବିତ୍ର ସମ୍ପର୍କ ନାଁରେ ସେମାନେ କଳଙ୍କ ।

ମାଳତୀ : ହେ ଭଗବାନ ! ଟଙ୍କା ପଇସା ପାଇଁ ମଣିଷ ଏତେ ତଳକୁ ଖସିଯାଇପାରେ !

ବର୍ଷା : ସେମାନେ ୫୦ ହଜାର ଟଙ୍କାରେ ମୋତେ ଯୋଉ ଲୋକ ପାଖରେ ବିକ୍ରି କରିଦେବାକୁ ବସିଥିଲେ, ଇଏ ସେଇ ଲୋକ ଅପା ! !

(ସଂଗୀତରେ ଚାଂଚଲ୍ୟ)

ମାଳତୀ : ଓ... ସେଥିପାଇଁ ଏ ଘରଭଙ୍ଗା ଏଠିକୁ ଆସିଥିଲା ! ଏଇ ବାପ-ପୁଅ ମିଶି ପରା ୟାଙ୍କର ଚାକିରି ନେଇଛନ୍ତି । ଆଜି ନହେଲେ କାଲି ତା' ବାପ ତ ଗାଁକୁ ଆସିବ । ଏ ବାପ ପୁଅ ଦିହିଁଙ୍କର ମହତପଣିଆ ଯଦି ପଦାରେ ନ ପକେଇଛି... ଜାଣିବ ମୁଁ

ଦିନା ମଲିକର ଝିଅ ନୁହେଁ । ଚାଲ... ଆରେ ସୁମିଟା ମୋର ଶୋଇ ପଡ଼ିଲା କି ?

ବର୍ଷା : ସୁମି..... (ହଠାତ୍ ସୁମି ଉଠିପଡ଼ି)

ସୁମି : ବୋଉ ଭଜନ ବୋଲିବା ? (ମାଳ ଓ ବର୍ଷା ହସିଛନ୍ତି)

- ମଂଚ ଅନ୍ଧାର -

ପଂଚମ ଦୃଶ୍ୟ

ଚରିତ୍ର : ନଟ, ବିଶି, ରାମ, କୀର୍ତ୍ତନିଆ, ମାଳ, ବର୍ଷା, ସୁମି, ସୁରେଶ, ଗୌରୀଶଙ୍କର, ରଘୁ।

(ସମୟ ସନ୍ଧ୍ୟା। ଦୂରରୁ କୀର୍ତ୍ତନ ଶୁଭୁଛି। ମାଳତୀ ଚଉରା ମୂଳେ ସନ୍ଧ୍ୟା ଦୀପ ଓ ଧୂପ ଦେଇଛନ୍ତି। କୀର୍ତ୍ତନ ଦଳ ମଂଚ ପ୍ରବେଶ କରିବା ଶୁଣି ବର୍ଷା ଓ ସୁମି ଦୁଆର ପାଖେ ଠିଆ ହେଲେ। ମାଳତୀ ନିଜ ଦୁଆର ପିଣ୍ଡାରେ ହାତଯୋଡ଼ି ଠିଆ ହୋଇଥାନ୍ତି। କୀର୍ତ୍ତନ ଦଳ ଚଉରା ପରିକ୍ରମା କରି ବାଦ୍ୟଯନ୍ତ୍ର ଥୋଇ ବସିଲେ। ସୁମି ଓ ବର୍ଷା ଭିତରକୁ ଚାଲିଗଲେ। ମାଳତୀ ଭୋଗଥାଳ ଧରି ଆସିଲେ)

ବିଶି : ଏଇଠି ରଖ ଭାଉଜ।

ମାଳତୀ : ତମେ ନେଇଯାଅ।

ବିଶି : ଆହା ଠାକୁରଙ୍କ ଭୋଗ ପରା - ଆଣ।

ନଟ : ସଂକୋଚ କାହିଁକି କରୁଚ ବୋହୂ ? ଏସବୁ ଜାତିଭେଦ, ଛୁଆଁ ଅଛୁଆଁ ମଣିଷ ତିଆରି କରିଛି, ଭଗବାନ ନୁହଁ। ତାକୁ ତ ଯିଏ ପୂଜିବ, ସିଏ ତା'ର। ତା' ପାଖରେ କିଛି ବାଛ ବିଚାର ନାହିଁ। ଆଣ। ପୂଜାଥାଳି ଏଇଠି ରଖ।

(ମାଳତୀ ପୂଜାଥାଳି ରଖି ଓଢଣା ଦେଇ ଟିକିଏ ଦୂରରେ ହାତଯୋଡ଼ି ବସିଲେ)

ବିଶି : ସୁମି... ଏ ସୁମି... ଆରେ ଏଠିକୁ ସବୁ ଆସ।

(ଭିତରୁ ବର୍ଷା ଓ ସୁମି ଆସି ବାରଣ୍ଡାରେ ବସିଲେ)

ରଘୁ ଆସିନି କି ଭାଉଜ ?

ମାଳତୀ : (ମୁହଁ ଶୁଖେଇ) ନାଁ... ।

ନଟ : ଆରେ ସେ ମୂର୍ଖକୁ ଟିକିଏ ବୁଝାଅ । କାହିଁକି ଏମିତି ହଉଚି ? ଏଇ ଦିନ କେତେ ହେଲା କୀର୍ତ୍ତନକୁ ବି ଆସୁନି ।
(ବିଶି ପୂଜାଥାଳି ପାଖରେ ରଖି, ହାତ ଘଂଟି ବଜେଇ ମନ୍ତ୍ର ପଢ଼ି ପୂଜା କରିଛି । ମାଳତୀ ହୁଳହୁଳି ବଜେଇଛନ୍ତି । ତାଙ୍କୁ ଦେଖି ସୁମି ବି ଖଣ୍ଡି ହୁଳହୁଳି ପକେଇଚି । ଅନ୍ୟମାନେ ହସି ଦେଇଛନ୍ତି)

ବିଶି : ଚେଇଁ ଶୋଇଥିବ ଯିଏ, ତାକୁ ଉଠେଇବ କିଏ ? ସିଏ କ'ଣ ଛୁଆ ହେଇଚି ନଟ ମଉସା ?
(ସମସ୍ତେ ମୁଣ୍ଡିଆ ମାରିଛନ୍ତି ବିଶି ଭୋଗ ବାଂଟିଚି)
ନେ'ରେ ରାମ - ହାତଦେଖା -
(ରାମ ନିଜ ଗାମୁଛାଟା ଦେଖେଇଚି । ବିଶି ଭୋଗ ଦେଇଚି । ଭୋଗ ଧରି କୀର୍ତ୍ତନୀଆ ଓ ରାମ ଚାଲିଯାଇଛନ୍ତି)

ରାମ : ଆସୁଛି ବିଶିଆଇ...

ନଟ : (ଭୋଗ ଧରି) ହରେକୃଷ୍ଣ... (ଗାଇଲେ) ଆସୁଛିରେ ବିଶି...

ବିଶି : ନଟ ମଉସା ବରଜୁର ଚିଠି ଆସିଲେ ମତେ...

ନଟ : ଆଜି ଦିନ ଭିତରେ ମତେ କେତେଥର ପଚାରିଲୁଣି ? ହଇରେ, ଖାଲି ତମେ ଦି'ଜଣ ଭାଇ ଜଗତରେ ଅଛ ନାଁ...(ହସି) ପାଗଳଟା.. ହଉ ହଉ ସୁଖରେ ଥାଅ ।

ବିଶି : ଜମେ ତ ଜାଣ ମଉସା, ବରଜୁ ମୋର ସ୍ୱପ୍ନ । ତା'ର ସେଇ ଚିଠି ଖଣ୍ଡକ ମୋର ଲକ୍ଷେ ଟଙ୍କା ।

ନଟ : ହଉ ମୁଁ ଆସେ । (ମାଳତୀଙ୍କୁ) ବୋହୂ ମା' ତମେ ରଘୁଟାକୁ ଟିକିଏ ଆକଟ କର । ବୁଢ଼ାଟେ ହେଲାଣି, କେବେ ଆଉ ବୁଦ୍ଧି ହବ କେଜାଣି ! ବେଳେବେଳେ ଆମ ନାତୁଣୀଠୁ ବି ଆହୁରି ଛୁଆ ହେଇଯାଉଛି । (ହସିଚି)

ସୁମି : ମୁଁ କଣ ଛୁଆ ହେଇଛି ? ଅଜା ତମେ ବି...

ନଟ : ହଁ... ହଁ... ମୁଁ ଭୁଲିଯାଇଥିଲି... ହଇରେ ବିଶି, ଏ ବୁଢ଼ୀଟାକୁ କୋଉଠୁ ଧରି ଆଣିଲୁ ବା ?

ସୁମି : ଧରି ଆଣିଛନ୍ତି ନା ଆଉ କିଛି। ତମେ ତ ନିଜେ ନିଧି ବୁଢ଼ା।

ନଟ : ନିଧି ବୁଢ଼ା ? ଆଲୋ ନାତୁଣୀ ମୋ' ନାଁ ନଟବର।

ସୁମି : କ'ଣ ତ ସେ ଗୀତଟା ବୋଉ ?

ବର୍ଷା : କୋଉ ଗୀତ ?

ସୁମି : ହଁ। ଧାରା ଶିରାବଣ ମାସ ଶେଷ ରବିବାର, ନିଧି ବୁଢ଼ା ବାଡ଼ିପଟେ ପଡ଼ିଛି ବିଚାର। (ହସିଦେଇଛି)
(ସମସ୍ତେ ହସିଲେ)
ଏଇଟା ଆମର ବହିରେ ପଢ଼ା ହେଉଚି। ନାଇଁ ବୋଉ ?

ନଟ : (ହସିଲେ)

ବିଶି : ହଉ ହଉ – ଯା' ପଢ଼ି ବସିବୁ।

ସୁମି : ଆଉ କାମ କିଏ କରିବ ?

ବିଶି : ଓଃ... ବହୁତ କଥା କହୁଚି।

ବର୍ଷା : ସୁମି ଚାଲ ଯିବା। (ଦୁହେଁ ଚାଲିଗଲେ। ଭୋଗଥାଳି ଧରି ମାଳତୀ ବି ଚାଲିଗଲେ)

ନଟ : ବିଶି ! ଶୁଣିଲି କାଲି କୁଆଡ଼େ ଏମଏଲ୍ଏ ବାବୁ ଗାଁକୁ ଆସିବେ।

ବିଶି : ଏଇଟା ତାଙ୍କ ଗାଁ। ସିଏ ଯେତେବେଳେ ଚାହିଁବେ, ଆସିବେ ଆଉ ଯିବେ।

ନଟ : ନାଇଁ ନାଇଁ ତୁ ବୁଝିଲୁନି। ମୁଁ କହୁଥିଲି କାଲି ଏମଏଲ୍ଏ ବାବୁ ଗାଁକୁ ଆସିଲେ, ଯାଇ ତାଙ୍କୁ ଟିକେ ଦେଖା କଲେ କେମିତି ହୁଅନ୍ତା ?

ବିଶି : କାହିଁକି ?

ନଟ : ଶୁଣ ! ଗାଁରେ ତ୍ରିନାଥ ମନ୍ଦିରଟିଏ କରିବାର ଯୋଜନା ଆମର ଅନେକ ଦିନରୁ ରହିଛି। ଆଗରେ ଇଲେକ୍ସନ ଅଛି। ଏଇ ସୁଯୋଗରେ ଯଦି ଆମେ ଯାଇ ଏମଏଲଏ ବାବୁଙ୍କୁ କହନ୍ତେ.... ଅନ୍ତତଃ ସିଏ ମନା କରନ୍ତେନି।

ବିଶି : ନାଇଁ ମଉସା । ବୁଲି ବୁଲି କୀର୍ତ୍ତନ କରି ଯାହା ଯେତେ ମିଳୁଛି, ସେଇ ଟଙ୍କାରେ ମନ୍ଦିର ହବ, ନହେଲେ ନିଜେ ଚାନ୍ଦାଭେଦା କରି ମନ୍ଦିର ତୋଳିବା ପଛକେ ଏମଏଲଏ ପାଖରେ ହାତ ପତେଇବା ଦରକାର ନାହିଁ ।

ନଟ : ସେ ସବୁ ସତ କଥା ଯେ - ହେଲେ କୀର୍ତ୍ତନ ପଇସାରେ ଏମିତି କେତେ ଟଙ୍କା ଆସୁଛି ଯେ ସେଥିରେ ମନ୍ଦିର ହବ ? ଶୁଣ ମାନ ଅଭିମାନ ତା' ଯାଗାରେ । ଗାଁର ସ୍ୱାର୍ଥ, ଗାଁର ମଙ୍ଗଳ ପାଇଁ ତୁ କଣ ତୋ' ଅଭିମାନ ଛାଡ଼ି ପାରିବୁନି ?

ବିଶି : ଏଇଟା କେବଳ ମୋର ଅଭିମାନ ନୁହେଁ ମଉସା । (ଚିନ୍ତାକରି) ଠିକ୍ ଅଛି । ରଘୁ ଆସୁ । ଆମେ ରାତିରେ କଥାହେଇ ସକାଳୁ ଦେଖିବା ।

ନଟ : ରଘୁ କ'ଣ ମାନିଯିବ ?

ବିଶି : ସିଏ ତ ମାନିବନି । ଏମଏଲ୍ଏ ବାବୁର ନାଁ ଶୁଣିଲେ ଆଦୌ ମାନିବନି । ମୋ' କଥା ଶୁଣୁଶୁଣୁ କହିବ, ହେଲେ ତ ହେଲା ନହେଲେ ୟେସ୍ ନୋ ଅଲ୍‌ରାଇଟ୍ ।
(ବିଶି ଓ ନଟ ହସିଲେ)

ନଟ : ମୁଁ ତା'ହେଲେ ଆସୁଛି । (ଯାଉ ଯାଉ ଫେରିଲେ) ବିଶି, ଗୋଟେ କଥା ଥିଲା, କିଛି ଭାବିବୁନି ଯଦି...

ବିଶି : କହୁନା ମଉସା ।

ନଟ : କିଛି ଶୁଣିଲୁଣି ନା ନାହିଁ ?

ବିଶି : କ'ଣ ?

ନଟ : ଏଇ ଝିଅଟା ପାଇଁ ଗାଁ ଲୋକ ଫୁସୁର୍ ଫାସର ହଉଛନ୍ତି ।

ବିଶି : କୋଉ ଝିଅ ?

ନଟ : ଏଇମ.... ଆମ ମାଷ୍ଟ୍ରାଣୀ ।

ବିଶି : ବର୍ଷା ! କିଏ କହୁଛି... କ'ଣ କହୁଛି ?

ନଟ : ଆରେ କାହା ମୁହଁ ତ ଆଉ ତୁ ବନ୍ଦ କରିପାରିବୁନି । ଗୋଟେ ଅଜଣା ଅଶୁଣା ଯୁବତୀ ଝିଅ, ତୋରି ଘରେ ରହୁଛି । ନାତୁଣୀ

ତାକୁ ବୋଉ...ବୋଉ ଡାକୁଛି। ଏଇଟା ତ ଆଉ କାହାକୁ ଅଛପା ନାଇଁ।

ବିଶି : ତମେ ତ ଦେଖିଛ ମଉସା। ତମରି ଆଗରେ ସବୁ ଘଟିଗଲା। ଜଣେ ନିରାଶ୍ରୟାକୁ ଆଶ୍ରୟ ଦେବା ଯଦି ଭୁଲ, ତା'ହେଲେ ସେ ଭୁଲ ମୁଁ କରିଛି। ବର୍ଷାକୁ ସୁମି ବୋଉ ଡାକିବା ପଛରେ ମୋର କୌଣସି ସ୍ୱାର୍ଥ ନାହିଁ। ଛୁଆଟା... ବୟସ ହେଲେ ସବୁ ବୁଝିପାରିବ।

ନଟ : ତା' କଣ ମୁଁ ଜାଣିନି ? ତେବେ ସତର୍କ ରହ। ଏଇଟା ତ ଆଉ ରାଉରକେଲା କି କଟକ ହେଇନି ? ଗାଁ କଥା। ଗାଁ ଲୋକ ଏତେ ସହଜରେ ସବୁ କଥା ବୁଝନ୍ତିନି।

ବିଶି : ଯା'ହବ ଦେଖାଯିବ। ମୁଁ ତ ଆଉ ବର୍ଷାକୁ ଘରୁ ତଡ଼ିଦେଇ ପାରିବିନି - ମଉସା !

ନଟ : ନାଇଁ ନାଇଁ। ଛିଃ ଅଧର୍ମ ହେବ। ଏବେ ଲୋକେ କହୁଛନ୍ତି। ସେତେବେଳେ ବି କଥାରେ ରଙ୍ଗଦେଇ ବହୁତ କଥା କହିବେ। ହଉ ମୁଁ ଚାଲିଲି।

(ସନ୍ଧ୍ୟା ହେଇ ଆସିଛି। ନଟ ଚାଲିଗଲା ପରେ ବିଶି ଆସି ଖଟରେ ବସଛି। ଘର ଭିତରୁ ସୁମି ଓ ବର୍ଷାର ହସ ଶୁଭୁଛି। ମାଳତୀ ଆସିଛନ୍ତି)

ମାଳତୀ : ବିଶି....

ବିଶି : କ'ଣ ହେଲା ଭାଉଜ ?

ମାଳତୀ : କେତେ ବେଳ ହେଲାଣି। ଇଏ ଏଯାଏଁ ଆସିଲେନି। ଟିକିଏ ଯାଇ ଦେଖିବ.. ମନଟା ଭଲ ଲାଗୁନି।

ବିଶି : କୋଉ ନୂଆ କଥା ହେଇଛି ଯେ ? ଡେଇଲି ତ ଲେଟ୍‌ରେ ଫେରୁଛି।

ମାଳତୀ : ମତେ ବଡ଼ ଭୟ ଲାଗୁଛି ବିଶି। ତମେ ଟିକିଏ ଯାଇ ବୁଲିଆସ।

ବିଶି : ତମେ ବି ଭାଉଜ, ତା ସାଙ୍ଗରେ ଏତେ ବର୍ଷ କାଟିଲଣି, ତାର ସ୍ୱଭାବ ଚରିତ୍ର କଥା କ'ଣ ମତେ କହିବାକୁ ହେବ ?

ମାଳତୀ	:	ତମେ ତାଙ୍କର ଏତେ ସାଙ୍ଗ ହେଉଛ । ତାଙ୍କୁ ଟିକିଏ ବୁଝାଉନ୍ତନି ? ତମ କଥା ସେ' କେବେ କାଟିବେନି ବିଶି ।
ବିଶି	:	ତମେ ଭାବୁଛ, ମୁଁ ତାକୁ କହିନି ? ହେଲେ ମୋ' କଥା ତା' ମୁଣ୍ଡରେ ଗଳିଲେ ସିନା...
ମାଳତୀ	:	କଣ ହେଲେ କରିବେ ସେ ! ଚାକିରି ଚାଲିଯିବା ଦିନରୁ ବାଇଆଙ୍କ ଭଳିଆ ହଉଛନ୍ତି । ସବୁବେଳେ ନାକ ଆଗରେ ରାଗ ନେଇ ବୁଲୁଛନ୍ତି । ଭଲରେ ପଦେ କଥା ହେଉନାହାନ୍ତି । ଚାକିରିବେଳେ ଏପଟ ସେପଟ କରି ଯାହା କିଛି ପଇସା ସଂଚୟ କରି ରଖିଥିଲି - ସିଏ ବି ସରିବାକୁ ବସିଲାଣି । କିଛି ନ କରି ସେ ଯଦି ଏମିତି ବୁଲିବେ, ଘର କେମିତି ଚଳିବ ?
ବିଶି	:	ଘର କେମିତି ଚଳିବ ସେ କଥା ତମେ ଚିନ୍ତା କରନି ଭାଉଜ । ମୁଁ ପରା ଅଛି ।
ମାଳତୀ	:	ଠାକୁରେ ମୋ କପାଳରେ କ'ଣ ଲେଖିଛି କେଜାଣି.. ମୁଁ କାହାର କି ଦୋଷ କରିଥିଲି ଯେ... (କାନ୍ଦି ପକେଇଲେ)
ବିଶି	:	ଓହୋ ଭାଉଜ, ସୁମି ଭଳିଆ କାନ୍ଦୁଛ କଅଣ ? କିଛି ଗୋଟେ କରିବାକୁ ହେବ । ରଘୁକୁ ଠିକ୍ ବାଟକୁ ଆଣିବା ପାଇଁ ମତେ ହିଁ ଗୋଟେ ନାଟକ ତିଆରି କରିବାକୁ ହେବ ।
ମାଳତୀ	:	ନାଟକ ?
ବିଶି	:	ତମେ ଚିନ୍ତା କରନି । ସବୁ ଠିକ୍ ହେଇଯିବ । (କଥା ବଦଳାଇ) ଭାଉଜ ଆଜି କି ତରକାରୀ କରିଛ ?
ମାଳତୀ	:	ଆଳୁ ଭରତା କରିଛି । ଖାଇବ.. ଆଣିଦେବି ?
ବିଶି	:	ଆମର ଏପଟେ କ'ଣ ହେଲାଣି ଟିକେ ପଚାରେ । ସୁମି.. ଏ ସୁମି... ରୋଷେଇ ଚାଲିଛି ନା ଖାଲି ବସି ଗପୁଛ ? (ସୁମିକୁ ଡାକି ଡାକି ଭିତରକୁ ଚାଲିଯାଇଛି । ମାଳତୀ ବାହାର ପଟକୁ ଦେଖି ଆସି ବାରଣ୍ଡାରେ ବସିଛନ୍ତି । ରାତି ବଢ଼ିଛି । ବିଶି ଆସି ଖଟିଆ ଉପରେ ବସିଛି ।। ଭାଉଜ ଶୋଇ ପଡ଼ିଲ କି ?

ମାଳତୀ	:	ନାଇଁ। ଆଖିଟା ଲାଖି ଯାଇଥିଲା।
ବିଶି	:	ଖାଇ ନଥିବତ ! ରଘୁ ଆସିଲା ବେଳକୁ କୋଉ ହୋସ୍‌ରେ ଥିବ ଯେ.. ଯାଅ ଖାଇପକାଅ।
ମାଳତୀ	:	ସୁମି ଶୋଇଲାଣି ?
ବିଶି	:	ହଁ...।
ମାଳତୀ	:	ଆଉ ବର୍ଷା ? (ବାହାରେ ରଘୁର ହିସ୍ ହିସ୍ ଶବ୍ଦ ଶୁଭିଲା। ଅନେକ ଗୁଡ଼ିଏ କୁକୁର ରାହାଧରି ଭୁକିବା ଶବ୍ଦ)
ରଘୁ	:	(ବାହାରେ ଥାଇ) ଏ ଚୋପ୍। ଶଳା କାହିଁକି ଭୁକୁଛ ବେ.. ଆ...ଚୁ...ଚୁ.. ଲଖଣ ମଲିକର ପୁଅକୁ କାମୁଡ଼ିଲୁ... (ପ୍ରବେଶି) ମତେ ବି କାମୁଡ଼ିବୁ ? ଜାଣିଛୁ ଆମେ ପୋଲିସ୍ ଲୋକ। ଏବେ ମୋର ଚାକିରି ନାହିଁ, ନହେଲେ ଶଳାକୁ ୟେସ୍ ନୋ ଅଲ୍‌ରାଇଟ୍ କରିଦେଇଥାନ୍ତି। (ମାଳ ଦୁଆରପାଖୁ ଆସିଛି)
ମାଳ	:	ଆସ। ଭିତରକୁ ଆସ।
ରଘୁ	:	ସତିଆ ଦେଖଉଛୁ ଶଳା ସତ୍ୟବାନ କୁତ୍ତା।
ମାଳତୀ	:	ଓହୋ ଘରକୁ ଆସ।
ରଘୁ	:	କୋଉଘର.... କାହାଘର.. ତୁ କିଏ ବେ ? (ହଠାତ୍ ମାଳକୁ ଚିହ୍ନିପାରି) ଓ ମାଳ.... ତୁ ଖାଇଲୁଣି ନା ?
ମାଳତୀ	:	ତମେ ଖାଇବା ଆଗରୁ ମୁଁ କେବେ ଖାଏ ଯେ ଆଜି ପଚାରୁଛ ?
ରଘୁ	:	କାହିଁକି ଖାଇବୁ ? ଶଳା ଭାରତୀୟ ନାରୀ। ରଘୁ ମଲିକର ଆଦର୍ଶ ହିନ୍ଦୁ ସ୍ତ୍ରୀରି। ମାସକୁ ପନ୍ଦର ଦିନ ଓପାସ ଶୋଇବ, ପୂଜା ବ୍ରତ କରିବ, କୋଉଥିପାଇଁ ବେ ? ଠାକୁରକୁ ଏତେ ପୂଜା କଲୁ, ଠାକୁର ତୋ କଥା ଶୁଣୁଛି ? ମୋ' କଥା ଶୁଣୁଛି ? କହ ମାଳ ତୁ ମା' କାହିଁକି ହେଇପାରିଲୁନି ? (ମାଳ କୋହ ସମ୍ଭାଳି ନପାରି କାନ୍ଦିଛି)
ବିଶି	:	(ବସିବା ଯାଗାରୁ ଉଠିଆସି) ରଘୁ ! ସବୁଦିନ ଭାଉଜଙ୍କୁ କନ୍ଦେଇ

କି ଲାଭ ପାଉଛୁ ତୁ? ଏଇ ମଦଗୁଡ଼ା ପିଇ ନିଜେ ତ କଷ୍ଟ ପାଉଛୁ, ଅନ୍ୟକୁ ବି କଷ୍ଟ ଦେଉଛୁ।

ରଘୁ : ବିଶି, ତୋ' ସାଙ୍ଗରେ ମିଶି ମୁଁ କୀର୍ତ୍ତନ କଲି, ହରେକୃଷ୍ଣ ହରେରାମ ହେଲି। କହ, ମୋ କଥା ଠାକୁର କାହିଁକି ଶୁଣୁନାହାନ୍ତି? ମଦୁଆ ବୋଲି ଗାଁ ଲୋକ ଯେମିତି ଆଡ଼େଇ ଦେଇ ଚାଲିଯାଉଛନ୍ତି, ଠାକୁର ବି କଣ ମତେ.. ବିଶି, ମୁଁ ଶଳା ତ ଜୀବନରେ କେବେ କାହାର ଅନିଷ୍ଟ କରିନି! ମତେ କାହିଁକି ନ୍ୟାୟ ମିଳୁନି କହ..?

ବିଶି : ତୁ କାହାର କିଛି କ୍ଷତି କରିନୁ। ତୁ ତୋର କର୍ମ କରିଚାଲିଛୁ। ଆଜି ନହେଲେ କାଲି ତୋ କର୍ମର ଫଳ ନିଶ୍ଚୟ ପାଇବୁ। ତା'ବୋଲି ତୁ ନିତି ରାତିରେ ମଦ ପିଇବୁ, ଯା'ର କିଛି ଅର୍ଥ ନାହିଁ ରଘୁ।

ରଘୁ : ଅର୍ଥ ଅଛି ବିଶି। ମଦ ପିଇଲେ ମତେ ଟିକିଏ ଫୁର୍ତ୍ତି ଲାଗୁଛି। ରକ୍ତ ଗରମ ରହୁଛି। ସବୁ ଯଦି ଭୁଲିଯିବି, ତା'ହେଲେ ପ୍ରତିଶୋଧ କେମିତି ନେବି?

ବିଶି : ପ୍ରତିଶୋଧ ନେବୁ? କାହା ଉପରେ? ଏମଏଲ୍ଏ ପୁଅ ଉପରେ? ଏଥିରେ କ'ଣ ସବୁ ସମାଧାନ ହୋଇଯିବ? ଆରେ ଆକାଶ ଉପରେ ଅଭିମାନ କରି ଛେପ ପକେଇଲେ ନିଜ ମୁହଁରେ ପଡ଼ିବା ହିଁ ସାର ହେବ। ତୁ ବ୍ୟସ୍ତ ହନି, ମୁଁ ଏମଏଲଏ ସାଙ୍ଗରେ କଥା ଲାଗିବି। ଭାଉଜ ଦିଅ.. ରଘୁ ପାଇଁ ଖାଇବାକୁ ବାଢ଼।

ରଘୁ : ତୁ କାହିଁକି ଏମଏଲଏକୁ ଅନୁରୋଧ କରିବୁ? ମୋର କ'ଣ ଭୁଲ ହେଇଛି?

ମାଳତୀ : ତମେ ତ ନିଜେ କରିବନି। ବିଶି ଏବେ କହିବ କହୁଛନ୍ତି। କୁହନ୍ତୁ।

ରଘୁ : ମାଳ, ତୁ କ'ଣ ସବୁ ଭୁଲିଗଲୁ?

ମାଳତୀ : କିଛି ଭୁଲିନି। ହେଲେ ମନେ ରଖିଲେ ଆମ ଭଳି ଗରିବ ଲୋକ ତା'ର କ'ଣ କରିପାରିବ?

ବିଶି : ଭାଉଜ ଠିକ୍ କହୁଛନ୍ତି ରଘୁ। ପ୍ରତିଶୋଧ ନେବାର ଅଧିକାର ଆମର ନାହିଁ। ତା'ଛଡ଼ା ଗୌରୀଶଙ୍କର ବାବୁ ନିହାତି ଖରାପ ଲୋକ ନୁହେଁ।

ରଘୁ : ସିଏ ଯଦି ଭଦ୍ରଲୋକ - ମୋ' ଚାକିରି କାହିଁକି ଗଲା ? ତୋର କଣ ମନେନାହିଁ ବିଶି, ସେଦିନ ଏମଏଲଏ ପୁଅ କ'ଣ କଲା ?

ବିଶି : ମୁଁ ଜାଣିଛି ରଘୁ, ସବୁ ଜାଣିଛି।

ରଘୁ : ନାଁ। ତୁ କିଛି ଜାଣିନୁ। ଜାଣିଥିଲେ ଗୌରୀଶଙ୍କର ଚୌଧୁରୀକୁ କେବେ ବି ଭଦ୍ରଲୋକ କହିନଥାନ୍ତୁ। ତୋର ମନେ ନାହିଁ ? ସେଦିନ ଗାଁର କିଛି ଯୁବକ ସ୍କୁଲ ବାରଣ୍ଡାରେ ବସି ତାସ୍ ଖେଳୁଥିଲେ। ଏତିକିବେଳେ ଏମଏଲଏ ପୁଅ ଦୌଡ଼ି ଆସିଲା, ଆଉ କାଗଜ ପୁଡ଼ିଆ ଭିତରୁ ନିଶା ଜିନିଷ ବାହାର କରି ସେମାନଙ୍କୁ ବାଂଟିଲା। ମୁଁ ଦେଖି ତାକୁ ଛଡ଼େଇ ଆଣିଲି। ମତେ ସିଏ ହାତ ଉଠେଇ ମାରିବାକୁ ବସିଲା। ମତେ ! ହାବିଲ୍‌ଦାର ରଘୁନାଥକୁ! ଦେଲି ଶଳାକୁ ପାହାରେ, ଆଉ ସିଧା ଆଣି ଭର୍ତ୍ତି କରିଦେଲି ଥାନାରେ।

- Flash Back -

(ଥାନାରେ ଥିବା ସେଲ୍‌ର ଏକ କୋଠରୀ। ଚଉକିରେ ବସିଥାଏ ସୁରେଶ। ପାଖରେ ରଘୁନାଥ ହାବିଲ୍‌ଦାର)

ସୁରେଶ : ଦେଖ୍ ହାବିଲଦାର, ତୁ ମତେ ଚିହ୍ନିନୁ। ମୁଁ ଏମଏଲ୍ଏ ଗୌରୀଶଙ୍କର ଚୌଧୁରୀଙ୍କ ପୁଅ। ଅପେକ୍ଷା କର। ଠିକ୍ ଦଶମିନିଟ୍ ଭିତରେ ମୁଁ ଏଠୁ ଖସି ଚାଲିଯିବି।

ରଘୁ : ଚୋପ୍। ଦାଦା ହେଉଛୁ ନାଇଁ। ତୋ' ଭାଗ୍ୟଭଲ ଆଜି ଥାନାରେ ଇନ୍‌ସ୍‌ପେକ୍ଟର ନାହାନ୍ତି। ନହେଲେ ଗୋଡ଼ହାତ ବାନ୍ଧି ପକେଇ ଦେଇଥାନ୍ତି।

ସୁରେଶ : ଦି'ପଇସାର ହାବିଲ୍‌ଦାର, ମୋ' ଗୋଡ଼ହାତ ବାନ୍ଧିବୁ ? ହେଇ ଚୁଟକୀ ବଜେଇ ଏଇଠୁ ଚାଲିଯିବି। ତୁ ଖାଲି ଏଇଠି ଠିଆହେଇ

ସୁସୁରୀ ବଜଉଥିବୁ। ଚିହ୍ନିନୁ ମତେ।

ରଘୁ : ତୋ ଭଳିଆ ଗୋଟେ ଅମୃତ ବେହିଆକୁ ମୋର ଚିହ୍ନିବା ଦରକାର ନାହିଁ। ଦେଖୁଛୁ ଏ ଲାଠି.... ଦେଖିବୁ - (ମାରିବାକୁ ଗଲାବେଳେ ଆସିଛନ୍ତି ଗୌରୀଶଙ୍କର)

ଗୌରୀ : ରଘୁ ! ତୁ ମୋ ପୁଅ ଉପରକୁ ହାତ ଉଠେଇବା ପାଇଁ ସାହସ କେମିତି କଲୁ ? ସୁରେଶ ମୋ ପୁଅ ବୋଲି ଜାଣି ତାକୁ ଥାନାକୁ ନେଇ ଆସିଲୁ ?

ରଘୁ : ମୁଁ ପୋଲିସ୍ ଲୋକ ଆଜ୍ଞା। ଆଇନ୍ ଆଗରେ ସମସ୍ତେ ସମାନ। ଆପଣଙ୍କ ପୁଅ ନିଶା ଜିନିଷ ଦେଇ ଆମ ଗାଁ ଯୁବକମାନଙ୍କୁ ନିଶାଡ଼ି କରିଦେବାକୁ ବସିଛି। ଆପଣଙ୍କ ପାଖରେ ସିନା ବହୁତ ଟଙ୍କା ଅଛି, ନିଜ ପୁଅକୁ ଭଲ କରିଦେବେ। ହେଲେ ସେମାନେ... ? ସେମାନେ କ'ଣ କରିବେ ?

ଗୌରୀ : ତୁ କ'ଣ ଗାଁର ମୁଖିଆ ? ସେମାନଙ୍କ ସୁଖ ଦୁଃଖ ବୁଝିବା ପାଇଁ ତୁ କଣ ଠିକା ନେଇଛୁ ?

ରଘୁ : ଦେଖନ୍ତୁ ଆଜ୍ଞା... !

ଗୌରୀ : ଚୁପ୍‌କର। କାହିଁ ଇନସ୍‌ପେକ୍ଟର କୁଆଡ଼େ ଗଲେ ?

ରଘୁ : ସାର୍ ଛୁଟିରେ ଅଛନ୍ତି।

ଗୌରୀ : ତା' ମାନେ ଏସବୁ...

ସୁରେଶ : ବାପା ପ୍ଲିଜ୍... ମତେ ଏଇଠୁ ନେଇଯାଅ। ଆଉ କିଛି ସମୟ ମୁଁ ଏଠି ରହିଲେ ମୋର ନିଃଶ୍ୱାସ ବନ୍ଦ ହେଇଯିବ।

ଗୌରୀ : ସୁରେଶ୍ ! ତୋ ବାପା ବଂଚିଥାଉଥାଉ ମହନପୁରରେ କେହି ତୋର କିଛି କରିପାରିବନି। ଚାଲ୍ ଇନ୍‌ସପେକ୍ଟର ଆସିଲେ କହିଦେବୁ ରଘୁ। ଗୌରୀଶଙ୍କର ଚୌଧୁରୀ ଆସି ତାଙ୍କ ପୁଅକୁ ନେଇଗଲେ।

ରଘୁ : କିନ୍ତୁ....

ଗୌରୀ : କିନ୍ତୁ... ତୁ ଭଲ କଲୁନି ରଘୁ। ମତେ ଖବର ନଦେଇ ସୁରେଶକୁ ଆରେଷ୍ଟ କରି ତୁ କିଛି ଭଲ କଲୁନି। ଚାଲ୍ ସୁରେଶ୍।

ସୁରେଶ୍ : (ଫେରିଆସି) ମୁଁ ଦଶମିନିଟ୍ ସମୟ ଦେଇଥିଲି। ଘଡ଼ିଦେଖ। ଆହୁରି ପାଂଚ ମିନିଟ୍ ବାକି ଅଛି। ଏଇ ପାଂଚ ମିନିଟ୍ ଭିତରେ ତୋର ଭବିଷ୍ୟତର ଜାତକ ମୁଁ ଲେଖିବି। ଖଲାସ୍। (ଗୌରୀ ଓ ସୁରେଶ୍ ଚାଲିଗଲେ।

– Flashback End –

(ରଘୁ, ବିଶି ଓ ମାଳତୀ ସେମିତି ଠିଆ ହେଇଥାନ୍ତି)

ରଘୁ : ପାଂଚ ମିନିଟ୍‌ରୁ ପାଂଚ ମାସ ହେଇଗଲା। ହେଲେ ମୁଁ ଆଉ ଚାକିରି ଫେରି ପାଇଲିନି। ବିନା ଅପରାଧରେ ମୋ ଚାକିରି ଚାଲିଗଲା। ଆଉ ତୁ କହୁଛୁ ତାକୁ ଅନୁରୋଧ କରିବୁ ?

ବିଶି : ଠିକ୍ ଅଛି। ଅନୁରୋଧ କରିବିନି। ଯା ଖାଇବୁ ଯା।

(ମାଳତୀ ଠିଆହେଇ କାନ୍ଦୁଥିଲେ)

ରଘୁ : କାନ୍ଦୁଛୁ କାହିଁକି ? ଦେଖ୍ ବିଶି ମତେ ବୁଝେଇଲା – ମୁଁ ବୁଝିଗଲି। ଯା...ଖାଇବାକୁ ବାଢ଼... (ମାଳ ଚାଲିଗଲା)

ବିଶି, ମୁଁ ଏଇଠି ବସି କୀର୍ତ୍ତନ କରିବି। ତୁ ଯା' ଶୋଇପଡ଼।

ବିଶି : ତୁ ଏଇ ଅଧରାତିରେ ବସି କୀର୍ତ୍ତନ କରିବୁ ? ଆରେ ମୁଁ କ'ଣ ଏ ଗାଁ ସାରା କେହି ଶୋଇ ପାରିବେନି।

ରଘୁ : ମତେ ନିଦ ଲାଗୁନି ବିଶି...

ବିଶି : ଆଖି ବନ୍ଦ କରି ଶୋଇପଡ଼। ଦେଖିବୁ ଚଟକରି ନିଦ ଆସିଯିବ। ଯେଉଁମାନେ ପାପୀ, ଲୋଭୀ, ସ୍ୱାର୍ଥପର, ସେମାନଙ୍କୁ ସିନା ନିଦ ହୁଏନି, ତୁ' ତ ଆମର ଭଲ ମଣିଷ। ତତେ ଚଟ୍‌କରି ନିଦ ଘାରିବ। ଚାଲ ଶୋଇପଡ଼।

(ବିଶି ରଘୁକୁ ନେଇ ବାରଣ୍ଡାରେ ଶୁଆଇ ଦେଇ ଆସିଛି। ମାଳତୀ ଆସି ଖାଇବାକୁ ଡାକିଛି। ବିଶି ଉଠେଇବାକୁ ମନା କରିଛି। ମାଳତୀ ଖାଇବା ଥାଳି ଧରି ଚାଲିଯାଇଛନ୍ତି। ଟିକିଏ ପରେ ରଘୁ ପୁଣି ଉଠିପଡ଼ିଛି)

ରଘୁ : ବିଶି... ମତେ ନିଦ ହଉନି। ମୁଁ କ'ଣ କରିବି ?

ବିଶି : (ବିରକ୍ତିରେ) ଓହୋ...

ରଘୁ	: ଆଖି ବୁଜିଲେ ବି ନିଦ ହଉନି। (Pause) ବିଶି ମୁଁ ଭଲ ମଣିଷ ହେବି। ମତେ ନିଦ ଟିକିଏ ଦେ... ତୁ ତ ଭଲ ମଣିଷ। ମତେ ବି ଭଲ ମଣିଷ କରିଦେ। (ବିଶି ରଘୁକୁ ଟାଣିନେଇ ଗଲାବେଳେ) ବିଶି... ମୁଁ ଭଲ ମଣିଷ ହେବି।
ବିଶି	: ତୁ କେବେ ଖରାପ ଲୋକ ଥିଲୁଯେ! ଆ... ଶୋଇପଡ଼....
ରଘୁ	: ତୁ ଭଲ...ମୁଁ ମଣିଷ.... ମହନପୁରର ସମସ୍ତେ ଭଲ.. (ଶୋଇଯାଇଛି।

– ମଂଚ ଅନ୍ଧାର –

ଷଷ୍ଠ ଦୃଶ୍ୟ

ଚରିତ୍ର : ବରଜୁ, ମାଳତୀ, ସୁମି, ବିଶି, ରଘୁ, ନଟ, ବର୍ଷା ।

(ଆଲୋକିତ ମଂଚ । ବାହାରୁ ଆସିଛି ବରଜୁ । ହାତରେ ସୁଟ୍‌କେଶ ଓ ଏୟାର୍‌ବ୍ୟାଗ୍ । କଅଣ ଭାବି, ଭିତରକୁ ଆସି ପକେଟରୁ କଳା ଚଷମା ଓ ଟୋପି ପିନ୍ଧି ରଘୁ ଘରପଟେ ଠିଆହେଇ ଡାକିଛି)

ବରଜୁ : ଘରେ କିଏ ଅଛନ୍ତି ?

ମାଳତୀ : (ହଠାତ୍ ଜଣେ ଅପରିଚିତ ଲୋକକୁ ଦେଖି ଓଢଣା ଦେଇଛନ୍ତି) କାହାକୁ ଖୋଜୁଛନ୍ତି ?

ବରଜୁ : ଏଇଟା ରଘୁ ମଲିକର ଘର ?

ମାଳତୀ : ହଁ.. । ସିଏ ଘରେ ଅଛନ୍ତି । ଡାକିଦେବି ?

ବରଜୁ : (ଟିକିଏ ଚଢ଼ା ଗଳାରେ) ନାଇଁ । ମୋର ତମ ପାଖରେ କାମ ଅଛି ।

ମାଳତୀ : (ଭୟ ପାଇଯାଇ) ମୋ ପାଖରେ.... ?

ବରଜୁ : ରଘୁନାଥ ମଦ ଛାଡ଼ିଲାଣି ନା ଆହୁରି ପିଉଛି ?

ମାଳତୀ : (ଚିହ୍ନା ସ୍ୱର ଭାବି) କଣ କହିଲେ ?

ବରଜୁ : ମାନେ ରଘୁ ମଲିକ । ମଦ ଛାଡ଼ିଲାଣି ନା ନାହିଁ ?
(ଏଇ ସମୟେ ଭିତରୁ ସୁମି ଆସି ବରଜୁକୁ ଚିହ୍ନିବାକୁ ଚେଷ୍ଟା କରିଛି)

ମାଳତୀ : ସିଏ... କଣ ହେଇଛି ବାବୁ ?

ବରଜୁ : କିଛି ହେଇନି । ମୁଁ ସରକାରୀ ଲୋକ । କଟକରୁ ଆସିଛି । ଶୁଣିଲି ମହନପୁରରେ ହାବିଲଦାର ରଘୁ ମଲିକ ନିଶାଖାଇ ଗାଁ ଲୋକଙ୍କୁ ବହୁତ ହଇରାଣ କରୁଛି... ।

ରଘୁ : (ପ୍ରବେଶ କରି) କିଏ ଆସିଛି ମାଳ ?

ବରଜୁ : (ଗୋଡ଼ଛୁଇଁ) ରଘୁଆଇ ନମସ୍କାର ।

ରଘୁ : କିଏ ମୁଁ ଚିହ୍ନିପାରୁନି ବାବୁ ?

ବରଜୁ : ମୁଁ... ବରଜୁ ।

ରଘୁ : ଆରେ ବରଜୁ... (ଖୁସିରେ କୁଣ୍ଢେଇ ପକେଇ) ଆରେ.. ମୁଁ ତ ଆଦୌ ଚିହ୍ନି ପାରିଲିନି ।

ବରଜୁ : ଭାଉଜ ନମସ୍କାର ।

ମାଳତୀ : ବ..ର...ଜୁ... ତମେ ? ଆଚ୍ଛା, ମୋ ସାଙ୍ଗରେ ଥଟ୍ଟା କରୁଥିଲ ନା ? ମୁଁ ତ ଡରିଯାଇଥିଲି । କଣ ସହରକୁ ଯାଇ ଡାକ୍ତରି ପଢୁଥିଲ ନା ଯାତ୍ରା ପାର୍ଟିରେ ମିଶି ନାଟ କରୁଥିଲ ମ ? (ସୁମି ବରଜୁର ଗୋଡ଼ ଛୁଇଁ ମୁଣ୍ଡିଆ ମାରିଛି)

ବରଜୁ : ଆରେ.. ଏଇଟା କିଏ ? ଇଏ ଆମ ସୁମି ନୁହଁ ତ ?

ସୁମି : କକା ! ତମ ସାଙ୍ଗରେ ମୋର କଟି ।

ବରଜୁ : କଣ ହେଲା ସୁମି... ମୋର ଭୁଲ କଣ ହେଲା ? ଆସୁ ଆସୁ ମୋ' ସହିତ କଟି ହେଇଗଲୁ ? କହ ମିଟି... କହ....

ସୁମି : (ହସି ହସି) ମିଚ୍ଚି.... ।

ବରଜୁ : ଭାଇ ଘରେ ନାହାନ୍ତି ।

ରଘୁ : ବିଲକୁ ଯାଇଛି । ଆସୁଥିବ । ହଇରେ ବରଜୁ, ଏ କ'ଣ ? ଚିଠି ନାଇଁ ପତ୍ର ନାଇଁ... ହଠାତ୍ କେମିତି ଚାଲି ଆସିଲୁ ? ଅସୁବିଧା ହେଇନି ତ ?

ବରଜୁ : ଅନେକ ଦିନ ହେଲା ଗାଁକୁ ଆସିନଥିଲି । ତା'ପରେ ପଢ଼ାପଢ଼ି ତ ସରିଗଲା । କଟକରେ ରହି ଆଉ କ'ଣ କରନ୍ତି ? ଚାଲିଆସିଲି ।

ମାଳତୀ : ତମକୁ ଦେଖି ବିଶି ଭାରି ଖୁସି ହବ ।

ବରଜୁ : ଭାଇ କଣ ମୋ' ଚିଠି ପାଇନାହାନ୍ତି? ମୁଁ ତ ଚିଠିରେ ସବୁ ଲେଖିଥିଲି।

ରଘୁ : ହଁ। ଅନେକ ଦିନ ତଳେ ଖଣ୍ଡେ ଚିଠି ପାଇଥିଲୁ।

ସୁମି : ଓହୋ ଦାଦା, ମୋ' କକାକୁ ବିରକ୍ତ କରନି ତ....

ବରଜୁ : ହଁ। ମତେ ସୁମି ଛଡ଼ା ଆଉ କେହି ବିରକ୍ତ କରି ପାରିବେନି।

ସୁମି : ଆଚ୍ଛା କକା! ତମେ କଣ ସତରେ ଡାକ୍ତର ହେଇଛ?

ବରଜୁ : ହଁ। କାହିଁକି? ତୋର ସନ୍ଦେହ ହେଉଛି?

ସୁମି : ତମେ ତ ଡାକ୍ତର ଭଳିଆ ଦିଶୁନାହଁ?
(ସମସ୍ତେ ହସିଛନ୍ତି। ଏ ସମୟେ ବାହାରୁ ଆସିଛି ବିଶି। ବରଜୁ ତାକୁ ପ୍ରଣାମ କରିଛି)

ବିଶି : ଆରେ ବରଜୁ.... କେତେବେଳୁ ଆସିଲୁଣି?

ବରଜୁ : ଏଇ ତ ଆସିଲି...

ରଘୁ : ବୁଝିଲୁ ବରଜୁ, ଚାରିଦିନ ହେଲା ବିଶିଆ ଆଖିକୁ ନିଦ ନାହିଁ। ତୁ ଡାକ୍ତରୀ ପାସ୍ କରିବା ଶୁଣି, ବାଟରେ ଘାଟରେ ଯାହାକୁ ପାଇଲା ସେଇଠି କହିଲା, ମୋ ଭାଇ ଡାକ୍ତର ହେଇଗଲାରେ....। କଣ ବିଶି! ଡାକ୍ତର ଭାଇ ତ ଆସିଗଲେ। କାଲି ଗାଁ ସାରା ଚହଳ ପକଉଥିଲୁ... ଆଜି ଚୁପ୍ କାହିଁକି?

ବିଶି : (କେବଳ ହସିଦେଲା) ଆ ବରଜୁ... ଆରେ ତୋ' ଜିନିଷ ପତ୍ର କାହିଁ? ଆଟାଚୀ ଖଣ୍ଡିକ ନେଇ ଆସିଛୁ ଯେ?

ବରଜୁ : ଏତେ ଗୁଡ଼ାଏ ଲଗେଜ୍ ଆଣିହେଲାନି ଭାଇ। ତା'ପରେ ଆଣିବି ପୁଣି ନେବି। ଏତେ ଝମେଲା ଭିତରେ କାହିଁକି ପଶିବି ଭାବି ରଖିଦେଲି।
(କିଛି ସମୟ ନୀରବତା। ବିଶି ଓ ରଘୁ ପରସ୍ପରକୁ ଚାହିଁଛନ୍ତି)

ବିଶି : ହଉ, ଡ୍ରେସ୍ ଚେଞ୍ଜ୍ କରି ଏଠି ବସିଥା, ମୁଁ ବାଡ଼ିପଟୁ ଟିକେ ଆସୁଛି। ଶାଗ ଦି'ଟା ତୋଳି ଆଣେ।

ରଘୁ : ମାଳ, ବ୍ୟାଗ୍‌ଟା ଦେଲୁ। ବରଜୁ ମୁଁ ବଜାରକୁ ଯାଉଛି। କଣ ଖାଇବୁ କହ, ନେଇ ଆସିବା।

ବିଶି : (ବରଜୁ କହିବା ଆଗରୁ) ଯାଉଛୁ ଯଦି ଚୁନାମାଛ ଟିକେ ଦେଖି ଆଣିବୁ। ବରଜୁର ଭାରି ପସନ୍ଦ। ଶାଗ ଆଉ ମାଛ ମାନେ ବରଜୁର ଜୀବନ। ନେ ପଇସା ନେଇଯା -

ରଘୁ : ଆରେ ରଖ୍ ତୋ ପଇସା। ଡାକ୍ତର ଭାଇ ଆସିଗଲା ବୋଲି ଲକ୍ଷପତି ହେଇଗଲୁ କି ?
(ମାଲ ବ୍ୟାଗ୍ ନେଇ ଆସିଛନ୍ତି)

ବିଶି : ଭାଉଜ, ତମେ ବରଜୁ ସାଙ୍ଗରେ ଗପୁଥାଅ। ମୁଁ ଆସୁଛି ସାଙ୍ଗେ ସାଙ୍ଗେ।
(ବାଡ଼ିପଟେ ଯାଇଛି ବିଶି ଓ ବାହାରକୁ ଯାଇଛି ରଘୁ। ସୁମି କକା ସାଙ୍ଗରେ ଗପୁଛି)

ମାଲତୀ : (ରଘୁ ପ୍ରତି) ଶୁଣ, ଆଜି ଆଉ ପିଇଦେଇ ଆସିବନି। ବରଜୁ ଏତେ ଦିନ ପରେ ଘରକୁ ଆସିଛି। କ'ଣ ଭାବିବ ?

ରଘୁ : ନାଇଁ ନାଇଁ। ଆଜି ପିଇବିନି। ପ୍ରେଷ୍ଟିଜ୍ ଲିକ୍ ହେଇଯିବ। ମୁଁ ଯାଏ।
(ରଘୁ ଚାଲିଯାଇଛି। ସୁମି ଓ ବରଜୁର ହସ ଶୁଭିଲା)

ମାଲତୀ : ବରଜୁ ! କଣ ଡାକ୍ତର ହେଲାପରେ ଆଉ ଚା' ପିଉଛ ନା ନାହିଁ ?

ବରଜୁ : ପିଏ ଯେ.. ହେଲେ ଟିକିଏ କମେଇ ଦେଇଛି।

ମାଲତୀ : କେଜାଣି.... ଡାକ୍ତର ମଣିଷ। ସହରରେ କଣ କଣ ସବୁ ପିଉଥିବ।

ବରଜୁ : କ'ଣ ମାନେ ? (ହାତରେ ଠାରି ମଦର ମୁଦ୍ରା କରି) ନାଇଁ ଭାଉଜ। ମୋର ସେ ସବୁ ଚଳେନି।

ସୁମି : (ବିରକ୍ତ ହେଇ) ଖୁଡ଼ୀ.... ତମେ ଗଲ... (ମାଳକୁ ଠେଲି ଦେଇଛି)

ମାଲତୀ : ଆଲୋ ରହ... ଯାଉଛି। (ମାଳର ପ୍ରସ୍ଥାନ)
(ବରଜୁ ଗୋଡ଼ ହାତ ଧୋଇଛି)

ସୁମି : ବୋଉ... ଏ ବୋଉ...

ବରଜୁ : ବୋଉ ? ସୁମି... ବୋଉ ବୋଲି କାହାକୁ ଡାକୁଛୁ ?

ସୁମି : ତମେ ଜାଣିନ। ହଁ, ତମେ ତ ଯାଇ କଟକରେ ରହିବ। କେମିତି ଜାଣିବ ? ବୋଉ କେତେ ଦିନରୁ ଆସିଲେଣି।

ବରଜୁ : କଣ ଯେ କହୁ... ବୋଉ କ'ଣ ହଠାତ୍ ଆକାଶରୁ ଗଳିପଡ଼ିଲା ?

ସୁମି : ଆକାଶରୁ ନୁହଁ। ବସ୍‌ରୁ।

ବର୍ଷା : (ଭିତରୁ) କଣ ହେଲା ସୁମି....

(ବର୍ଷାର ପାଟି ଶୁଣି ବରଜୁ ଆଶ୍ଚର୍ଯ୍ୟରେ ଘର ଭିତରକୁ ଅନେଇଛି)

ବରଜୁ : (ଫୁସ୍ ଫୁସ୍ କରି) ଘର ଭିତରେ କିଏ ଅଛି ?

ସୁମି : (ନକଲ କରି) ବୋଉ..। ବାହାରକୁ ଆସ ବୋଉ, କକା ଆସିଛନ୍ତି।

(ବର୍ଷା ଆସିଛି। ବରଜୁକୁ ଦେଖି ହଠାତ୍ ଚମକି ପଡ଼ିଛି। ଆଶ୍ଚର୍ଯ୍ୟରେ କେବଳ ଚାହିଁଛି। ବରଜୁର ମଧ୍ୟ ସେଇ ଅବସ୍ଥା)

ବରଜୁ : ବର୍ଷା !!

ବର୍ଷା : ବ୍ରଜ.. ତମେ ?

ବରଜୁ : ତମେ କେମିତି ? ମାନେ ଆମ ଘରେ... ଆଶ୍ଚର୍ଯ୍ୟ ! ଭାଇତ କେବେ ଚିଠିରେ ଲେଖିନାହାନ୍ତି ?

ସୁମି : ହୁଁ.. ତା'ହେଲେ ବୋଉକୁ ଆଗରୁ ଚିହ୍ନିଛ। ମତେ କାହିଁକି ଠକୁଥିଲ ?

ବରଜୁ : ସତରେ ମୁଁ ଜାଣିନଥିଲି ସୁମି।

ସୁମି : ଦେଖିଲ, ମୁଁ କେମିତି ଚମକେଇ ଦେଲି।

ବରଜୁ : ବର୍ଷା ! ତମେ କ'ଣ....

ବର୍ଷା : ନାଇଁ ବ୍ରଜ। କଥା ହେଲା...

ସୁମି : ବୋଉ ତମେ ବି.. ଯାଃ ତମ ସାଙ୍ଗରେ କଟି। ଖୁଡ଼ି... ଖୁଡ଼ି... ଶୁଣିଲ...

(ସୁମି ଡାକି ଡାକି ଖୁଡ଼ି ଘରକୁ ଚାଲିଯାଇଛି)

ବରଜୁ : ସୁମି ତମକୁ ବୋଉ ବୋଲି ଡାକୁଛି ? ମୁଁ କିଛି ବୁଝିପାରୁନି। ତମେ କ'ଣ ସତରେ....

ବର୍ଷା : ମୋ ଭାଗ୍ୟ ମତେ ଏଠିକୁ ଟାଣିନେଇ ଆସିଲା ବ୍ରଜ । ନହେଲେ ମୁଁ କିଏ ଆଉ ମହନପୁର କିଏ ? ତମ ଗାଁ ସ୍କୁଲରେ ମୁଁ ଟିଚର ଅଛି ।

ବରଜୁ : କିନ୍ତୁ... ଆମ ଘରେ କେମିତି ?

ବର୍ଷା : ଏଠିକୁ ମୁଁ ଅନେକ ଦିନ ହେଲା ଆସିଲିଣି । ଅଥଚ ଏଇଟା ତମ ଘର ବୋଲି ଏବେ ଜାଣୁଛି ।

ବରଜୁ : ଜୀବନରେ ତମ ସହ ମୋର ପୁଣି କେବେ ଦେଖାହବ, କଳ୍ପନା କରିନଥିଲି । ସତରେ ବର୍ଷା ମୁଁ ତମକୁ ମନେ ମନେ ବହୁତ ଖୋଜୁଥିଲି ।

ବର୍ଷା : ମତେ ଖୋଜୁଥିଲ ? କାହିଁକି ?

ବରଜୁ : ମୁଁ ତ.. ଜୀବନର କୋଉ ଅନ୍ଧାରୁଆ ଗଳି ଭିତରେ ନିଜର ଠିକଣା ହଜେଇ ଦେଇଥିଲି । ସେଇ ପଙ୍କ ଭିତରୁ କେବେ ମୁକୁଳି ପାରିଥାନ୍ତି ଏ ବିଶ୍ୱାସ ମୋର ନଥିଲା । ମୋର ଏଇ ନୂଆ ଜୀବନ, କେବଳ ତମରି ପାଇଁ ବର୍ଷା !

ବର୍ଷା : ଏ କ'ଣ କହୁଛ ବ୍ରଜ ! ମୁଁ କଣ କରିଛି ? ତମ ଭିତରେ ଥିବା ଦୃଢ଼ ବିଶ୍ୱାସ ହିଁ ତମକୁ ଭଲ ରାସ୍ତାକୁ ଆଣିଛି ।

ବରଜୁ : ନାଇଁ ବର୍ଷା । ମୋ ଭିତରେ ବିଶ୍ୱାସ ସୃଷ୍ଟି କରିଛ ତମେ । ମୋର ମନୋବଳ ବଢ଼େଇଛ ତମେ । ନହେଲେ ଆଜିବି ମୁଁ ସେଇ ନର୍କ ଭିତରେ ସଢୁଥାନ୍ତି । ଆଜିବି ଡ୍ରଗ୍‌ସ ଏଡିକ୍ଟ ହେଇ କୋଉଠି ପଡ଼ିଥାନ୍ତି । ଭାଇଙ୍କର ସ୍ୱପ୍ନ ଅଧାରେ ରହିଯାଇଥାନ୍ତା । ମୁଁ ଡାକ୍ତର ହୋଇ ପାରିନଥାନ୍ତି ।

ବର୍ଷା : ଆରେ ତମେ ତ ଇମୋସନାଲ୍ ହେଇଯାଉଛ ବ୍ରଜ । ତମେ ମୋର ଜଣେ ଭଲ ସାଙ୍ଗ । ଆଉ ସାଙ୍ଗ ହିସାବରେ ଏଇଟା ମୋର କର୍ତ୍ତବ୍ୟ ଥିଲା ।

(ବାଡ଼ିପଟୁ ହାତରେ ଶାଗ ନେଇ ଆସିଛି ବିଶି)

ବିଶି : ସୁମି.. ଏ ସୁମି... (ବରଜୁ ପ୍ରତି) ଆରେ ସେତେବେଳୁ ତୁ ସେମିତି ଠିଆ ହେଇଛୁ ? ବର୍ଷା...ଇଏ ବରଜୁ । ମୋ ସାନଭାଇ । ଆଉ ବରଜୁ ଇଏ ହେଲେ....

ବରଜୁ : ବର୍ଷା। ଆମ ଗାଁ ସ୍କୁଲର ଟିଚର।

ବିଶି : ତୁ... ମାନେ କେମିତି..?

ବରଜୁ : ବର୍ଷା ମୋ ସାଙ୍ଗେ କଲେଜ୍‌ରେ ପଢୁଥିଲେ ଭାଇ। ପ୍ରଥମେ ମୁଁ ଦେଖି ଆଶ୍ଚର୍ଯ୍ୟ ହେଲି ଯେ ବର୍ଷା ଆମ ଘରେ କେମିତି? (କଥା ବଦଳେଇ) ଶାଗ ତୋଳି ଯାଇଥିଲ ଭାଇ?

ବିଶି : ହଁ। ତୁ କଣ ଆଉ ଶାଗ ଖାଉନୁ? ଆରେ ଶାଗ ଖାଇଲେ ଆଖି ଭଲ ରହିବରେ ବରଜୁ। ଏଥିରେ ଭିଟାମିନ୍ ଅଛି। ଆରେ ମୁଁ କ'ଣ ତତେ ବୁଝଉଛି! ତୁ ତ ନିଜେ ଡାକ୍ତର। ନିଅ ବର୍ଷା (ବର୍ଷା ଶାଗ ନେଇ ଚାଲିଗଲା)

ବରଜୁ : ଭାଇ, ବର୍ଷା ଆମ ଘରେ ଏଡଜଷ୍ଟ କରିପାରୁଛନ୍ତି ତ?

ବିଶି : ହଁ। ଆମ ଘରେ ରହି ପୁରା ମଫସଲୀ ହେଇଗଲେଣି। ଛାଡ଼ ତୋ କଥା କହ? ପଢ଼ାପଢ଼ି ତ ସରିଲା। ଏବେ କଣ କରିବୁ ଭାବୁଛୁ?

ବରଜୁ : ଭାଇ! ସତରେ ଟଙ୍କା ଯୋଗାଡ଼ ହେଇ ପାରିଲାନି?

ବିଶି : ଅବିଶ୍ୱାସ କରୁଛୁ?

ବରଜୁ : ନାଇଁ ଭାଇ। ସେମିତି କାହିଁକି ଭାବୁଛ?

ବିଶି : ତୋ ପାଠ ପଢ଼ା ନେଇ ଯୋଉ କରଜ କରିଥିଲି, ତାକୁ ଏଯାଏଁ ପରା ଶୁଝା ହେଇପାରିନି।

ବରଜୁ : ତମେ ଚିନ୍ତା କରନି ଭାଇ। ଏବେ ତ ମୁଁ ବି ରୋଜଗାର କରିବି। ଦି'ଭାଇ ମିଶି ଶୁଝିଦେବାନି?

ବିଶି : ତୋ'ଠୁ ମୁଁ ଏଇଆ ହିଁ ଆଶା କରୁଥିଲି ବରଜୁ।

ବରଜୁ : ଭାଇ... ନର୍ସିଂ ହୋମ୍ କଲେ ଭଲ ପଇସା ମିଳିବ। ଧିରେ ଧିରେ ସବୁ କରଜ ଶୁଝିଦେବା।

ବିଶି : ନର୍ସିଂ ହୋମ୍! ଆଚ୍ଛା "ନ.. ର୍ସିଂ... ହୋ...ମ" ? ହଁ.. ହଁ... ଭଲ ପଇସା ମିଳିବ।

ବରଜୁ : ତମକୁ ମୁଁ ଖୁବ୍ ହଇରାଣ କରୁଛି ନା ଭାଇ! ସବୁବେଳେ ଖାଲି ଟଙ୍କା ମାଗୁଛି। ଆଗରୁ ପଢ଼ିବା ପାଇଁ, ଏବେ ରୋଜଗାର କରିବାପାଇଁ।

ବିଶି : ଏଇଟା କି ହଇରାଣ ? ଏତକ ନ କଲେ ମୁଁ ପାପୀ ହୋଇଯିବିନି ? ଲୋକେ ଥୁ.. ଥୁ... କରିବେନି ?

ବରଜୁ : ଦିନରାତି ଗଧଭଳି ଖଟୁଛ; କାହାପାଇଁ ? ମୋ' ପାଇଁ... ସୁମି ପାଇଁ ନା ? ଆମକୁ ମଣିଷ କରିବ ବୋଲି ନିଜେ ସୁଖ କଣ ଜାଣିଲନି। ପ୍ରତି ମୁହୂର୍ତ୍ତରେ ନିଜକୁ ତିଳତିଳ କରି ଜାଳିଲ କେବଳ ଆମକୁ ଟିକେ ସୁଖରେ ରଖିବାପାଇଁ। ନିଜ ଆଖିର ଲୁହ ନିଜେ ଚୁପ୍‌ଚାପ୍ ପିଇଗଲ। ଭାଇ ! ସୁଖରେ ଯେମିତି ଆମ ସାଙ୍ଗରେ ତମେ ସାମିଲ ହୁଅ, ଦୁଃଖରେ ବି ମତେ ସାମିଲ କରାଅ ଭାଇ... ! !

ବିଶି : ନା। ଦୁଃଖର ଛାଇ ବି ତୋ ଉପରେ ପଡ଼ିବାକୁ ଦେବିନି କେବେ। ଯାହା ବି କରୁଛି ମୋ' ନିଜ ସ୍ୱାର୍ଥ ପାଇଁ କରୁଛି। ତମେ ଦିହେଁ ଭଲ ମଣିଷ ହେଇ ସୁଖରେ ରହିଲେ ଶେଷ ମୁହୂର୍ତ୍ତରେ ଏ ବୁଢ଼ାଟାକୁ ମୁଠେ ଅଧେ ଦବ ବୋଲି ତ ଏସବୁ କରୁଛି। ତମେ ଦି'ଟାକୁ ଛାଡ଼ିଦେଲେ ମୋର ଆଉ କିଏ ଅଛି ? ହଁ... ରଘୁ ଆଉ ମାଳତୀ ଭାଉଜ। ସେମାନଙ୍କ ଋଣ ଏ ଜୀବନରେ ମୁଁ ଶୁଝିପାରିବିନି। ସେମାନେ ମୋ ସୁଖ ଦୁଃଖର ସାଥୀ। ଭାବିଚି ଶେଷ ଜୀବନଟା ତାଙ୍କରି ପାଖରେ କଟେଇଦେବି।

ବରଜୁ : ତମେ ବି ଭାଇ.. ଏ ଯାଏଁ ଆମେ ଜୀବନ ଆରମ୍ଭ କରିନୁ। ଆଉ ତମେ ତମର ଶେଷ ଯାଏଁ ଚାଲିଗଲଣି ?
(ବାହାରୁ ନଟ ମଉସା ସାଇକେଲ୍ ଧରି ପ୍ରବେଶ)

ନଟ : ବିଶି... ଆରେ ଆମ ଡାକ୍ତରବାବୁ.. (ବରଜୁକୁ ଦେଖି) ହେଇ ଆସିଗଲାଣି।

ବରଜୁ : ମଉସା ନମସ୍କାର !

ନଟ : ଭଲ ଅଛୁ ବରଜୁ ?

ବରଜୁ : ହଁ ମଉସା।

ନଟ : ବରଜୁ କ'ଣ କହୁଛି ବିଶି ? ଗାଁରେ ରହିବ ତ ?

ବିଶି : ଗାଁ ଛାଡ଼ି କୁଆଡ଼େ ଯିବ ମଉସା । ଏଇଠି ରହିବ ।

ନଟ : ବୁଝିଲୁ ବରଜୁ, ଗାଁ ପୁଅ ହିସାବରେ ତୁ ହେଉଛୁ ପ୍ରଥମ, ଯିଏ ଡାକ୍ତର ହେଇଛି ।

ବିଶି : କୁଆଡ଼େ ଆସିଥିଲ ମଉସା ? ମୋ ପାଖରେ କିଛି କାମଥିଲା ?

ନଟ : ନାଇଁ ମ କାମ ଆଉ କ'ଣ ? ସଉଦା ପାଇଁ ଆସିଥିଲି । ହାଟପଦା ପାଖରେ ରଘୁଆ ଦେଖାହେଲା । କହିଲା ବରଜୁ ଆସିଛି । ଚାଲିଆସିଲି.... ବୁଝିଲୁ ବରଜୁ, ତୋ' ଭାଇ ତୋ' ଚିଠିକୁ ନିଇତି ଅନେଇଥାଏ ।

(ମାଳତୀ ଘରୁ ସୁମି ଆସିଛି । ପଛେ ପଛେ ମାଳତୀ ଆସି ଦୁଆର ପାଖରୁ ନଟକୁ ଦେଖି ପୁଣି ଫେରିଯାଇଛି)

ସୁମି : ଅଜା ନମସ୍କାର । (ହସି ହସି)

ନଟ : ଆରେ ବିଶି ! ଆମ ନାତୁଣୀ ତ ଆଜି ଭାରି ଖୁସି ଅଛି ? କଥା କ'ଣ ? କକା ତ ଆସିଗଲା । ନାତୁଣୀର ଆଉ ଚିନ୍ତା କ'ଣ ?

ସୁମି : ଆଉ କିଛି ନାଁ.... କକା ଚାଲ ଗାଁ ବୁଲିଯିବା ।

ବରଜୁ : ଏବେ ?

ସୁମି : ବୁଝିଲ କକା, ବାପା ମତେ କୁଆଡ଼େ ବୁଲେଇ ନିଅନ୍ତିନି । ସବୁବେଳେ ଖାଲି କାମ... କାମ... କାମ... । ଚାଲନା...

ବରଜୁ : ମୁଁ ଟିକେ ବୁଲିଆସୁଛି ଭାଇ ।

ବିଶି : ହଉ ଯାଅ....

(ବରଜୁ ଓ ସୁମି ବାହାରକୁ ଗଲେ)

ନଟ : ବୁଝିଲୁ ବିଶି, ଜୀବନରେ ଏମିତି ଗୋଟେ ଗୋଟେ ସମୟ ଆସେ, ଯେତେବେଳେ ସବୁ ଦୁଃଖ ମନରୁ ପାଶୋରି ହେଇଯାଏ ।

ବିଶି : ଠିକ୍ କହିଛ ମଉସା । ନହେଲେ ତ କେବଳ ଦୁଃଖ ଭିତରେ ଘାଂଟି ଚକଟି ହେଇ ମଣିଷ ପାଗଳ ହୋଇଯାଆନ୍ତା ।

ନଟ : ଏଇ ପିଲାଗୁଡ଼ାକର ମୁହଁକୁ ଦେଖି ଟିକିଏ ଖୁସିହେବା କଥା ସିନା । ଘରୁ ଆଜି ଚିଠି ଆସିଛି । ସ୍ତ୍ରୀଟା ବେମାର ପଡ଼ିଯାଇଛି ।

ଶେଯରୁ ଉଠି ବସି ପାରୁନି । ଯିବାପାଇଁ ମନ ଡାକୁଛି, ହେଲେ କ'ଣ କରିବି ? ଏ ପୋଷ୍ଟାଲ୍ ଚାକିରିରେ ଛୁଟି କାହିଁ ?

ବିଶି : ପିଲାମାନଙ୍କୁ ଏଠିକି ନେଇ ଆସୁନାହାନ୍ତି କାହିଁକି ?

ନଟ : କଣ ଆଉ ତତେ କହିବି ବିଶି ? ସବୁଯାକ ପଢୁଛନ୍ତି । କେହି ଜଣେ ବି ମଣିଷ ହେଇ ନାହାନ୍ତି । ସେଠୁ କାଢ଼ି ଆଣି ଏଠି ପଢ଼େଇବା ଭାରି ଝାମେଲା । ଦେଖାଯାଉ....

ବିଶି : ଆଉ କେତେ ବର୍ଷ ଚାକିରି ରହିଲା ?

ନଟ : ଅଛି । ଆହୁରି ପାଂଚବର୍ଷ ଚାକିରି ଅଛି । ହେଇ ଦେଖୁ ଦେଖୁ ପାଂଚବର୍ଷ କୁଆଡ଼େ ଚାଲିଯିବ । ଯଦି ସେତେବେଳକୁ କଏ କୋଉଠି ନ ଲାଗିଥିବେ..ତେବେ... ଓଃ.. ଭାବିଦେଲେ ଦିହ ଶିହିରୀ ଉଠୁଛି ।

ବିଶି : ଆଜିକାଲି ଯୁଗ ଯାହା ହେଲାଣି । ସିଲେକ୍‌ଟେଡ୍ ପିଲାଙ୍କୁ ହିଁ ଚାକିରି ମିଳୁଛି ।

ନଟ : ହଁ । ଆମ ଭଳିଆ ସାଧାରଣ ଲୋକଙ୍କ ପାଇଁ ତ ସବୁ ରାସ୍ତା ବନ୍ଦ । ଭାବୁଛି ଚୌଧୁରୀ ବାବୁଙ୍କୁ ଯାଇ କହିବି । ସିଏ ଚାହିଁଲେ କିଛି ହେଇପାରନ୍ତା ।

ବିଶି : ସିଏ କଣ ଆସିଲେଣି ?

ନଟ : କାଲି ପରା ତତେ କହିଥିଲି । ଆଜି ସକାଳେ ଆସି ପହଂଚିଛନ୍ତି । ଚାଲୁନୁ – ମନ୍ଦିର କଥାଟା ବି ପକେଇବା । କଣ କହୁଛୁ ?

ବିଶି : ହଁ ଗଲେ ହୁଅନ୍ତା । ଗାଁ ସରକାରୀ ହସ୍‌ପିଟାଲ୍‌ରେ ବରଜୁର ଚାକିରିଟା ଯଦି ହେଇଯାଆନ୍ତା....

ନଟ : ଚୌଧୁରୀବାବୁ ଚାହିଁଲେ ସବୁ ହେଇପାରିବ ।

ବିଶି : ରଘୁର ଚାକିରି ବିଷୟଟା ବି...

ନଟ : ରଘୁକୁ ଭଲ କରି ବୁଝେଇ ଦେ ବିଶି । ସେ ଯାଇ ନିଜେ କହୁ । ଆମ ଭଳି ସାଧାରଣ ଲୋକ ପାଖରେ, ଗର୍ବ ଅହଂକାରର କିଛି ଅର୍ଥ ନାହିଁ । ଇଲେକ୍‌ସନ ବେଳ ଆସିଗଲାଣି । ଏଇଟା ଠିକ୍ ସମୟ । ମୁଁ ବି ଭାବୁଛି ଗାଁକୁ ଯାଇ ପିଲାଟାକୁ ନେଇ ଆସିବି ।

ବିଶି : ଗାଁକୁ କେବେ ଯାଉଛନ୍ତି ?

ନଟ : ଏବେ ଛୁଟି ତ ନାହିଁ। ମାଉସୀର ଦେହ ଖରାପ କଥା ଶୁଣି ମନଟା କିଛି ଭଲ ଲାଗୁନି ରେ...

ବିଶି : ପିଲାମାନେ ତ ସବୁ ପାଖରେ ଅଛନ୍ତି। ମାଉସୀଙ୍କ ଯତ୍ନ ନେଉ ନଥିବେ ?

ନଟ : ବାୟା ହେଲୁ ବିଶି ! ଆଜିକାଲି କି ପୁଅ, କି ଝିଅ। ଆମେ ଖାଲି ତୁଚ୍ଛାଟାରେ ମାୟା ସଂସାରରେ ଘାଂଟି ହେଇ ସବୁ ମୋର ମୋର ହେଉଛେ ସିନା। ଭାଗବତ ପରା ଲେଖିଛି "ମାୟା ସଂସାର ଘୋର ବଣେ - ଏ ଜୀବ ଭ୍ରମେ ଅକାରଣେ"। କିଛି ନାଇଁ ବିଶି, ସବୁ ମାୟା। ମୁଁ ଆସୁଛି ବିଶି। ଗଲେ ବହୁତ କାମ ବାକି ପଡ଼ିଛି।

(ସାଇକେଲ୍ ଧରି ଚାଲିଗଲେ)

ବର୍ଷା : (ଭିତରୁ ଚା' ନେଇ ଆସିଛି) ମଉସା ଚାଲିଗଲେ ?

ବିଶି : (ଉତ୍ତର ଦେଇନି)

ବର୍ଷା : କ'ଣ ହେଲା ?

ବିଶି : ନାଁ କିଛି ନୁହେଁ। (ବର୍ଷା ଚାଲି ଯାଉଥିଲା) ବର୍ଷା ! ତମେ ତ ବରଜୁର କ୍ଲାସ୍‌ମେଟ୍, ତମକୁ ସେ ନାହିଁ କରି ପାରିବନି।

ବର୍ଷା : କୋଉ କଥା ?

ବିଶି : ତା' ମୁଣ୍ଡରେ ଟଙ୍କା ରୋଜଗାର କରିବା ଭୂତ ପଶିଯାଇଛି। କହୁଛି କଟକରେ ନର୍ସିଂହୋମ କରିବ। ମୋ ଭାଇ ଡାକ୍ତର ହେଇଛି ବୋଲି ମୁଁ ଯୋଉ ଗର୍ବ କରୁଥିଲି, ତାକୁ ସେ ଭାଙ୍ଗି ଚୁରମାର୍ କରିଦେବାକୁ ବସିଛି। ଛୁଆବେଳୁ ଆଜିଯାଏଁ ଯାହା ଯେତେବେଳେ ମାଗିଛି - ସବୁ ଦେଇଛି। ଏବେ ଯଦି ସେ ମୋ' କଥା ନ ମାନିବ।

ବର୍ଷା : ନାଁ। ବ୍ରଜ ଆପଣଙ୍କୁ ବହୁତ ଭଲ ପାଆନ୍ତି। ଆପଣଙ୍କ କଥା ନିଶ୍ଚୟ ମାନିବେ। ତଥାପି..ମୁଁ ତାଙ୍କୁ କହିବି।

ବିଶି : ଥ୍ୟାଙ୍କ୍ସ୍।

ବର୍ଷା	:	ମେନ୍‌ସନ୍ ନଟ୍। (ହସିଦେଇ ଚାଲିଗଲା) (ବାହାରୁ ଆସିଛି ରଘୁ। ହାତରେ ମାଛ ବ୍ୟାଗ୍। ପାଦ ଠିକ୍ ଭାବେ ପଡୁନି। କିନ୍ତୁ ଧରାପଡ଼ିଯିବା ଭୟରେ ସଚେତନ ହେଇ ଚାଲୁଛି। ଆଖି ଲାଲ୍ ପଡ଼ିଯାଇଛି)
ରଘୁ	:	ମାଳ... ନେଇ ଆସିଛି ଚୁନାମାଛ। ଯା ଫଟାଫଟ୍ ତିଆରି କର। ମାଳ....
ମାଳତୀ	:	(ଭିତରୁ ଆସି) ବଜାରରୁ ମାଛ ଟିକିଏ ନେଇ ଆସିବା ପାଇଁ ତମର କେତେ ଡେରୀ ହେଉଛି ?
ରଘୁ	:	ଆରେ ବସି ଯାଇଥିଲି ମ।
ମାଳତୀ	:	(ମଦ ଗନ୍ଧ ବାରି) ତମେ ଆଜି ବି .. କେତେ କରି କହିଥିଲି....
ରଘୁ	:	(ମାଳକୁ ଚୁପ୍ ରହିବାକୁ କହିଛି। ମାଳ ମୁହଁ ଫୁଲେଇ ବ୍ୟାଗ୍ ଧରି ଚାଲିଗଲେ) ବିଶି.... ଆମ ଡାକ୍ତରବାବୁ କୁଆଡ଼େ ଗଲେ ?
ବିଶି	:	ତତେ ମାଛ ଟିକିଏ ଆଣିବାକୁ କେତେ ସମୟ ଲାଗୁଛି ! ମୁଁ ଜାଣେ ପରା ତୁ ଗୋଟେ କର୍ମକୋଢ଼ି। ତୋ'ଦେଇ କୋଉକାମ ବେଳରେ ହବନି।
ରଘୁ	:	ଥାନାର ସେ ବୁଢ଼ା ଇନ୍‌ସ୍‌ପେକ୍ଟର ଭଳିଆ ମତେ ଆଉ ଧମକାନା ତ ! ବରଜୁ ଆସିଗଲା ବୋଲି ତୁ କଣ ମୋ'ଠୁ ବଡ଼ହେଇ ଗଲୁ ? ଶୁଣ୍ ବିଶି... ମୁଁ ତୋଠୁ ବଡ଼, ତୁ ବରଜୁଠୁ ବଡ଼, ସୁମିଠୁ ବରଜୁ ବଡ଼। ଏମିତି ଗୋଟେ ଗୋଲ, ଗୋଲ ଚକାଚକା ଭଉଁରୀ... (କହି କହି ବିଶିପାଖକୁ ଯାଇଛି। ପୁଣି ଫେରି ଆସିଛି। ବିଶି ରଘୁର ବ୍ୟବହାର ରେ ସନ୍ଦେହ କରି ପାଖକୁ ଆସିଲାବେଳେ)
ରଘୁ	:	ଏ... ଏ...ମାଡ଼ି ଆସୁଛୁ କ'ଣ ? ଦୂରେଇ ରହ।
ବିଶି	:	ତୁ ଏବେ କୋଉଠୁ ଆସିଲୁ ?
ରଘୁ	:	କୋଉଠୁ ଆସିଲି ? ହଁ... ବଜାରରୁ ମାଛନେଇ ଆସିଲି।
ବିଶି	:	ସତ କହ - କୋଉଠୁ ଆସିଲୁ ?

(ଏଇ ସମୟେ ବାହାରୁ ବରଜୁ ଓ ସୁମି ଆସିଲେ। ରଘୁ ବରଜକୁ ଦେଖି)

ରଘୁ : ସତ କହ କୋଉଠୁ ଆସିଲୁ ବରଜୁ? ଗୋଟେ ଲୀଳା ଲଗେଇଛୁ? ଆସୁ ଆସୁ ଝିଅଟାକୁ ନେଇ ବୁଲୁ ବାହାରିଗଲୁ?

ବିଶି : ମୁଁ ତତେ ପଚାରୁଛି ରଘୁ।

ରଘୁ : ମୁଁ ତତେ ପଚାରୁଛି ବରଜୁ। ଉତ୍ତର ଦେଉନୁ କାହିଁକି?

ବରଜୁ : ଭାଇ ତମେ ରଘୁଆଇକୁ ପଚାରୁଛ ନାଁ ମତେ...

ବିଶି : ମୁଁ ତତେ ପଚାରୁଛି। (ରଘୁପ୍ରତି)

ବରଜୁ : ମୁଁ ପରା ସୁମିକୁ ନେଇ...

ରଘୁ : ବୁଝିଲୁ, ତୁ ଡାକ୍ତର ହବୁ ତ କୋଉ ରୋଗୀ ପାଖରେ। ଆମ ଭଳି ସୁସ୍ଥ ସବଳ ଲୋକକୁ ତୁ କଣ ରୋଗୀ ପାଇଲୁ? ତତେ ଡାକ୍ତର କଲା କିଏ?

ବିଶି : ମୁଁ। ମୁଁ ତାକୁ ଡାକ୍ତର କରିଛି।

ରଘୁ : ଏ ଚୋପ୍। ତୁ କ'ଣ ତା' ବଡ଼ଭାଇ?

ବିଶି : ଦେଖ୍ ହାବିଲ୍‌ଦାର କଥା ବାଁରାନା। ସତ କହ, ମାଛ କିଣିବା ଆଗରୁ, ନାଁ' ତା'ପରେ ଯାଇଥିଲୁ?

ରଘୁ : କୁଆଡ଼େ?

ବିଶି : ଭାଟିକୁ। ପୁଣି ପିଇଦେଇ ଆସିଛୁ? ଭାବିଛୁ କେହି ଜାଣିପାରିବେନି। ତୁ'ଟା ଆଜିକାଲି ଦିନରାତି କିଛି ମାନୁନୁ ତ! ଏତେ ବୁଝେଇଲା ପରେ ବି ନାଁ' ସେ ଚାକିରି ନିଶା ଛାଡ଼ିପାରୁଛୁ ନାଁ' ମଦ। ଯଦି କିଛି ଛାଡ଼ିପାରୁନୁ, ତା'ହେଲେ ଅନ୍ତତଃ ମତେ ଛାଡ଼ିଦେ। ତୋର ଧରମ ହବ।

ରଘୁ : (ସଙ୍କୋଚ ହୋଇ) ବରଜୁ ଆସିବା ଖୁସିରେ ଟିକିଏ ପିଇଦେଲି ଯେ... ତୁ ଏମିତି ରାଗୁଛୁ କାହିଁକି?

ବିଶି : ସୁଖରେ ବି ମଦ ପିଉ, ଦୁଃଖରେ ବି ପିଉ। ତୋ'ପାଇଁ ସବୁ ସମାନ। ତତେ ଖାଲି ଗୋଟେ ବାହାନା ଦରକାର। ଦେଖ୍ ରଘୁ – ଆଜି ପୁରା ଫାଇନାଲ୍।

ରଘୁ	:	ହେଲା, ଫାଇନାଲ କହୁଛି, ଆଜିଠୁ ମଦ ବନ୍ଦ । ଯେତେବେଳେ ବି ପିଇବି ଏକଦମ୍ ଟିକିଏ ପିଇବି ।
ବିଶି	:	ନାଁ । (ଟାଣିନେଇଛି ଚଉତରା ପାଖକୁ) ଠାକୁର ମୁଣ୍ଡ ଛୁଇଁ କହ ଆଉ କେବେ ମଦ ପିଇବୁନି । ତତେ ଆଜି ଶପଥ ନେବାକୁ ହବ ।
ରଘୁ	:	(ଶପଥ ନେବାକୁ ଚେଷ୍ଟା କରି ବିଫଳ ହେଇଛି)
ବିଶି	:	ଠିକ୍ ଅଛି । ତୁ ଆଜି ପ୍ରମାଣ କରିଦେଲୁ ଯେ ମତେ ଛାଡ଼ିପାରିବୁ ଅଥଚ ମଦ ଛାଡ଼ି ପାରିବୁନି । ଆ... ବରଜୁ, ଏ ମଦୁଆମାନଙ୍କ ସହିତ ସମ୍ପର୍କ ରଖିବା ଆମର ଦରକାର ନାହିଁ ।
ବରଜୁ	:	ଭାଇ ! କଣ କହୁଛ ତମେ ? ରଘୁଆଇ ମଦ ଛାଡ଼ିବାକୁ ଟିକିଏ ଟାଇମ୍ ଲାଗିବ ।
ବିଶି	:	ଯଦି ତା' ପାଖରେ ଟାଇମ୍ ଅଛି ସେ ପିଉ । ହେଲେ ସମ୍ପର୍କ ବଢ଼େଇବାକୁ ମୋ ପାଖରେ ଟାଇମ୍ ନାହିଁ ।
ରଘୁ	:	ଆବେ ଯା - ଶଳା ଚଷା, ତୁ କ'ଣ ବୁଝିବୁ ସମ୍ପର୍କ କଅଣ ? (ଭିତରୁ ମାଳତୀ ଆସିଛନ୍ତି)
ମାଳତୀ	:	କ'ଣ ହେଲା ? ତମ ଦି'ଜଣଙ୍କର କ'ଣ ହେଲା ?
ବରଜୁ	:	କିଛି ନାଇଁ ଭାଉଜ । ଏଇ ରଘୁଆଇ ଆଉ ଭାଇ ଭିତରେ....
ମାଳତୀ	:	ଏମିତି ପାଟି କରୁଛ ! ସାଇପଡ଼ିଶା କ'ଣ ଭାବିବେ ?
ରଘୁ	:	କିଏ କାହିଁକି ଭାବିବ ? କିଏ ବେ ଶଳେ ସାଇପଡ଼ିଶା ?
ବରଜୁ	:	ରଘୁଆଇ, ତମେ କ'ଣ ସତରେ ମଦ ଛାଡ଼ିପାରିବ ନାହିଁ ?
ରଘୁ	:	ଶୁଣ ବରଜୁ ....
ବିଶି	:	ବରଜୁ, ତତେ ମୁଁ କହିଲି ନା.... (ଭିତରୁ ବର୍ଷା ଆସି ଶୁଣୁଥାଏ)
ବରଜୁ	:	କିନ୍ତୁ ଭାଇ.... (କହିବାକୁ ଯାଉଥିଲା)
ବିଶି	:	(ଚଢ଼ା ଗଳାରେ) ବରଜୁ ! ! (ବାଧ୍ୟ ହୋଇ ବରଜୁ ଯାଇଛି । ସାଙ୍ଗରେ ସୁମି, ବିଶି ଓ ଶେଷରେ ବର୍ଷା ଭିତରକୁ ଯାଇଛନ୍ତି)

ରଘୁ	:	ଆରେ ଯା..ଯା.. ହେଲେ ତ ହେଲା ନ ହେଲେ ୟେସ୍-ନୋ.. ଅଲ୍‌ରାଇଟ୍।
ମାଳତୀ	:	ତମକୁ ବାରବାର୍ କହି ପଠେଇଲି। ଆଜି ପିଆ ପିଇ କରିବନି। ହେଲେ ମୋ' କଥା କଣ ଶୁଣିବ? ମଦପିଇ ବିଶି ସାଙ୍ଗରେ ଝଗଡ଼ା କରୁଛ। ତମକୁ ଟିକେ ଲାଜ ଲାଗୁନି?
ରଘୁ	:	ମୁଁ ଝଗଡ଼ା କରୁଛି? ଶଳା ତୁ ଏଇଆ ବୁଝିଲୁ? ଆରେ ତା' ଡାକ୍ତର ଭାଇ ଆସିଗଲା ତ... ଆମକୁ ଆଉ କାହିଁକି ପଚାରିବ?
ମାଳତୀ	:	ତମ ଦି'ଜଣଙ୍କ କଳି ଭିତରେ ବରଜୁକୁ କାହିଁକି ମିଶଉଛ? ଚାଲ ଖାଇବ ଚାଲ।
ରଘୁ	:	ନାଇଁ। ଦିନେ ନ ଖାଇଲେ କ'ଣ ମରିଯିବି?
ମାଳତୀ	:	ସେ ନିଆଁଲଗା କଥାଗୁଡ଼ା କାହିଁକି ପାଟିରେ ଧରୁଛ?
ରଘୁ	:	ଯାହା ପାଇଁ ମାଛ ରାନ୍ଧିଛୁ, ଯା ତାକୁ ଦେଇ ଆସିବୁ।
ମାଳତୀ	:	ହେଇଛି କୋଉଠି? ଏବେ ପରା ବସେଇଲି।
ରଘୁ	:	ସେମାନେ ତାଙ୍କର ମାଛ ଭାତ ଖାଆନ୍ତୁ, ମୁଁ ମୋର ମଦ ପିଇବି।
ମାଳତୀ	:	ହଉ ହେଲା... ଭିତରକୁ ଆସ।
ରଘୁ	:	ନାଇଁ। ତୁ ଏଠୁ ଗଲୁ।
ମାଳତୀ	:	ଯାହା କରୁଛ କର। (ବିରକ୍ତ ହେଇ ଚାଲିଯାଇଛି) (ରଘୁ ସେମିତି ଦୁଆର ପାଖେ ବସିଲା। ତା'ପରେ କ'ଣ ଭାବିଲା କେଜାଣି ବିଶି ଦୁଆର ଯାଏଁ ଗଲା। ପାଖରେ ଥିବା ଖଟିଆକୁ ଗୋଡ଼ରେ ମାରିଛି ଏବଂ ନିଜେ ତଳେ ପଡ଼ିଯାଇଛି)
ରଘୁ	:	ମୁଁ ଏଇଠି ଶୋଇବି। ଦେଖିବା ମୋର କିଏ କ'ଣ କରିବ? (ପୁଣି ଖଟିଆକୁ ମାରି ସନ୍ତୁଳନ ରଖି ନପାରି ଖଟରେ ଆପେ ପଡ଼ିଗଲା)

- ମଂଚ ଅନ୍ଧାର -

ସପ୍ତମ ଦୃଶ୍ୟ

ଚରିତ୍ର : ଗୌରୀଶଙ୍କର, ମାଳତୀ, ବିଶି, ରଘୁ, ବରଜୁ, ବର୍ଷା, ସୁମି

।। ମଂଚକୁ ଆଲୁଅ ଆସିବା ପୂର୍ବରୁ ନିର୍ବାଚନ ପ୍ରଚାର ଶୁଭୁଛି । ଘର ବାରଣ୍ଡାରେ ବସି ମାଳତୀ ଚାଉଳରୁ ଗୋଡ଼ି ବାହାର କରୁଥାନ୍ତି । ପଶି ଆସିଲେ ଗୌରୀଶଙ୍କର । ବେକରେ ଫୁଲମାଳ ।।

ଗୌରୀଶଙ୍କର : ବିଶ୍ୱନାଥ ବାବୁ ଘରେ ଅଛନ୍ତି ?

ମାଳତୀ : (ରୁକ୍ଷ ଗଳାରେ) ନାଁ ।

ଗୌରୀ : ନମସ୍କାର ! ଆପଣ ଆମ ରଘୁନାଥର ସ୍ତ୍ରୀ ବୋଧେ ?

ମାଳତୀ : (ଉତ୍ତର ଦେଇନି)

ଗୌରୀ : ମୁଁ ଜାଣିପାରୁଛି । ଏ ଯାଏ ଆପଣମାନେ ମତେ ଭୁଲ ବୁଝିଛନ୍ତି । କିନ୍ତୁ ବିଶ୍ୱାସ କରନ୍ତୁ....

ମାଳତୀ : କାହିଁକି ଆସିଛନ୍ତି ?
(ଭିତରୁ ବିଶିର ପ୍ରବେଶ)

ବିଶି : ଆଜ୍ଞା ନମସ୍କାର !

ଗୌରୀ : ଆରେ ତମେ ଘରେ ଅଛ, ଅଥଚ ....
(ମାଳତୀ ମୁହଁ ଫୁଲେଇ ଚାଲିଗଲେ)
(ହସିଦେଇ) ଆଉ ବିଶ୍ୱନାଥ..

ବିଶି : କୁହନ୍ତୁ ଆମ ଆଡ଼େ କେମିତି ଚାଲି ଆସିଲେ ?

ଗୌରୀ : ତମେମାନେ ମତେ ଏତେ ପର ବୋଲି କାହିଁକି ଭାବୁଛ ବିଶ୍ୱନାଥ ! ଯାହାବି ମୁଁ କରୁଛି, ତମରିମାନଙ୍କ ପାଇଁ ତ କରୁଛି। ଏ ଗାଁ ପାଇଁ ତ କରୁଛି। ଭୁବନେଶ୍ୱର, ଦିଲ୍ଲୀ ଦୌଡ଼ି ଦୌଡ଼ି ଯେତିକି ପାରୁଛି, ସେତିକି କରୁଛି।

ବିଶି : ଭୋଟ୍ ପ୍ରଚାର ପାଇଁ ଆସିଛନ୍ତି ନା ଅନ୍ୟ କାମ ଥିଲା ?

ଗୌରୀ : ଭୋଟ ପ୍ରଚାର ତ ଗୋଟିଏ ବାହାନା। ହେଲେ ଅସଲ କଥା ହେଲା ତମମାନଙ୍କ ସୁଖ ଦୁଃଖରେ ସାମିଲ ହେବା। ଶୁଣିଲି ଗାଁରେ ତ୍ରିନାଥ ମନ୍ଦିର ନିର୍ମାଣ ପାଇଁ ତମେମାନେ ଅଂଟା ଭିଡ଼ିଛ। ହବ। ଗାଁରେ ମନ୍ଦିର ନିଶ୍ଚୟ ହବ।

ବିଶି : ବେଶ୍ ଭଲ କଥା। ବସନ୍ତୁ। (ଚୌକି ଦେଇ) ଭଙ୍ଗା ଚଉକି ଖଣ୍ଡେ ଅଛି...

ଗୌର : ଦେଖ ବିଶ୍ୱନାଥ, ତମେ ବେଶ୍ ଶିକ୍ଷିତ। ସରକାର ତମ ଭଳି ଶିକ୍ଷିତ ମାନଙ୍କ ପାଇଁ ଗୁଡ଼ାଏ ଯୋଜନା ପ୍ରସ୍ତୁତ କରିଛନ୍ତି। ଏଇ ସୁଯୋଗରେ ହୁଏତ ମୁଁ ତମମାନଙ୍କ ପାଇଁ କିଛି କାମରେ ଆସିପାରିଲେ....

ବିଶି : (ହସି) ସରକାରଙ୍କ ଯୋଜନାମାନଙ୍କ ଭିତରକୁ ଆଜିକାଲି ମନ୍ତ୍ରୀ, ଶିଳ୍ପପତି ମାନଙ୍କ ପୁଅମାନେ ଷଣ୍ଢଭଳି ଧସେଇ ପଶୁଛନ୍ତି। ଆପଣ ତ ଜାଣନ୍ତି ଏଇ ଧସ୍ତାଧସ୍ତି ଭିତରେ ଆମ ପରି ସାଧାରଣ ଗ୍ରାମବାସୀଙ୍କର କେବେ ଭାଗ ନଥାଏ।

ଗୌରୀ : ସରକାରଙ୍କ ପ୍ରତି ଖୁବ୍ ବିମୁଖ ଦେଖୁଛି। ଶୁଣ ବିଶ୍ୱନାଥ, ଏଇଟା ହେଲା ଦୌଡ଼ିବାର ଯୁଗ। ଯେ ପକ୍ଷୀ ଉଡ଼େ ଯେତେ ଦୂର - ସେ ସିନା ଚିହ୍ନେ ପାରାବାର !

ବିଶି : କିନ୍ତୁ ଉଡ଼ିବା ଆଗରୁ ତ ଆପଣଙ୍କ ସରକାର ଆମ ପଛେ ପଛେ କଇଁଚି ଧରି ଦୌଡୁଛନ୍ତି, ପର କାଟିବାକୁ।

ଗୌରୀ : ବୁଝି ପାରିଲିନି।

(ବାଡ଼ିପଟ ରାସ୍ତାରେ ଅନେକବେଳୁ ଠିଅ ହେଇଥିଲା ରଘୁ)

ରଘୁ : ମୁଁ ବୁଝେଇ ଦଉଛି ଆଜ୍ଞା।

ଗୌରୀ : ଆରେ ରଘୁନାଥ ! ଆସ ମନେ ମନେ ତମକୁ ହିଁ ଖୋଜୁଥିଲି।

ରଘୁ : ମୁଁ କୋଉଠି ହଜିଯାଇନି କି ମରିଯାଇନି ଆଜ୍ଞା। ଆମଭଳି ମଳିମୁଣ୍ଡିଆ ଲୋକକୁ ଖୋଜିବା ପାଇଁ ଆପଣ ଏଠିକୁ ଆସିଛନ୍ତି କହିଲେ, କେହି ବିଶ୍ୱାସ କରିବେନି।

ଗୌରୀ : ମତେ ତମେମାନେ ଶତ୍ରୁ ବୋଲି କାହିଁକି ଭାବୁଚ ରଘୁନାଥ ?

ରଘୁ : ଭାବିବା ପାଇଁ ଆପଣ ବାଧ୍ୟ କରୁଛନ୍ତି।

ଗୌରୀ : (ସାମାନ୍ୟ ହସି) ବୁଝି ପାରିଲିନି।

ରଘୁ : ରାଜନୀତି କରୁଛନ୍ତି, ଏତିକି ବୁଝି ପାରୁନାହାନ୍ତି ? ପୁରା ଭାତ ଥାଳିଟାର ଠିକା ତ' ଆପଣମାନେ ନେଇଛନ୍ତି। କିଛି ଅଇଁଠା ଫୋପାଡ଼ି ଦେଇ କାଉମାନଙ୍କୁ ଆପଣ ଏକାଠି କରାନ୍ତି। ଆଉ କାଉ କା' କା' ପାଟିକଲେ ଆପଣ କହନ୍ତି - "ହେଇ ଦେଖ ରାତି ପାହିଲାଣି - କାଉ ରାବିଲାଣି"। ହେଲେ ସତରେ କଣ ରାତି ପାହିଯାଏ ? କାଉର ପେଟ ପୁରିଯାଏ।

ଗୌରୀ : ଦେଖ ମୁଁ ବିଶ୍ୱନାଥ ସହ କଥା ହେଉଥିଲି। ଏଇ ମହନପୁର ଗାଁ ପାଇଁ ଆଉ ତମମାନଙ୍କ ଭବିଷ୍ୟତ ପାଇଁ ସରକାରଙ୍କ ଯୋଜନା ସର୍ମ୍ପକରେ କହୁଥିଲି।

ରଘୁ : ଆମ ଭବିଷ୍ୟତ ! ଆପଣ ହିଁ ଆମ ଭବିଷ୍ୟତ ତିଆରି କରିପାରିବେ। ଦେଖୁନାହାନ୍ତି ଆପଣଙ୍କ ପୁଅ ପାଂଚ ମିନିଟ୍ ଭିତରେ ମୋ ଭବିଷ୍ୟତ ଜାତକ ତିଆରି କରି ସରକାରଙ୍କ ପାଖକୁ ପଠେଇଦେଲେ ? ଆପଣ ନିଶ୍ଚୟ ପାରିବେ।

ଗୌରୀ : ସେ ଦିନର ସେ ଘଟଣା ପାଇଁ ମୁଁ ଲଜ୍ଜିତ ରଘୁ। ତମେ ବୋଧେ ଜାଣିନ ସୁରେଶକୁ ତା' ପାପର ଫଳ ମିଳିଯାଇଛି। ଏବେ ସେ କଟକ ଜେଲ୍‌ରେ। କେତେଦିନ ତାର କୁକର୍ମକୁ ଘୋଡ଼େଇ ରଖିପାରିବି ? ତମ ଚାକିରି ପାଇଁ ଭୁବନେଶ୍ୱରରେ କହି ଆସିଛି। ମତେ ବିଶ୍ୱାସ କର।

ବିଶି : ସେ କଥା ମୁଁ ଆଗରୁ କହୁଥିଲି। ହେଲେ ଏଠି ଆମକଥା ଶୁଣୁଛି କିଏ ?

(ରଘୁ ମୁହଁ ଫୁଲେଇ ପଛକୁ ଚାଲିଗଲା)

ଗୌରୀ : ଯାହା ଜଣାପଡୁଛି, ତମେ ଦିହେଁ.... ତମ ଭିତରେ...କଣ....

ବିଶି : ଛାଡ଼ନ୍ତୁ। ଏଇଟା ଆମର ସମ୍ପୂର୍ଣ୍ଣ ବ୍ୟକ୍ତିଗତ କଥା।

ଗୌରୀ : ଅବଶ୍ୟ। କଥା ହେଲା ତମେ ଦି'ଜଣ ଉତ୍ତମ ବନ୍ଧୁଭାବେ ଏ ଗାଁରେ ଯେତେ ଲୋକପ୍ରିୟ ହେଇପାରିଛ, ମୁଁ ଏତେବର୍ଷ ରାଜନୀତି କରି ହେଇପାରିନି। ତମର ବନ୍ଧୁତ୍ୱକୁ ନେଇ ଗାଁରେ ଲୋକେ ରାଣ ନିୟମ ନେଇ ପାରୁଛନ୍ତି। ଆଜି ହଠାତ୍ କଣ ହେଇଛି ?

(କୌଣସି ଉତ୍ତର ନପାଇ) ହଉ। ତମର ବ୍ୟକ୍ତିଗତ ଘରୋଇ ବ୍ୟାପାରରେ ମୋର ହସ୍ତକ୍ଷେପ ଠିକ୍ ନୁହେଁ। ଆଉ କୁହ ତମ କୀର୍ତ୍ତନ ମଣ୍ଡଳୀ କେମିତି ଚାଲିଛି ? ଆମ ରାମଟା ପରା ଆସୁଛି।

ବିଶି : ହଁ ଚାଲିଛି। କିନ୍ତୁ ଯାହା ଲାଗୁଛି, ଆଉ କିଛି ବର୍ଷ ପରେ ମହନପୁରରୁ ଏ ପରମ୍ପରା ଲୋପ୍ ପାଇଯିବ।

ଗୌରୀ : କାହିଁକି ?

ବିଶି : ଗାଁ ଲୋକେ ଟିଭି-ସିନେମା ଆଗରେ ଘଂଟା ଘଂଟା ଧରି ବସିବେ, ଅଥଚ କୀର୍ତ୍ତନରେ ଆସିବେନି। ଗାଁରେ ଗୋଟେ ମନ୍ଦିର କରିବୁ ବୋଲି ନିଇତି ବୁଲୁଛୁ। ଅଥଚ କାହାର ସହଯୋଗ ମିଳୁନି।

ଗୌରୀ : ଶୁଣ ବିଶ୍ୱନାଥ। ଗାଁରେ ମନ୍ଦିର ହବ। ଯାହା ଖର୍ଚ୍ଚ ହବ, ମୋ'ପାଖରୁ ଆସି ନେଇଯିବ। କାଲି ଆମ ପୋଷ୍ଟ ପିଅନ୍ ବାବୁଙ୍କ ପାଖରୁ ଶୁଣି ଖୁସି ଲାଗିଲା। ବ୍ୟସ୍ତ ହୁଅନି। ମୁଁ ବି ତମରି ଭିତରୁ ଜଣେ। ଦରକାର ହେଲେ ମତେ କହିବ। ମୁଁ ଆସୁଛି।

(ଯାଉଥିଲେ ପୁଣି ଫେରି)

ଗୌରୀ : ଆରେ ହଁ... ଇଲେକ୍‌ସନ୍ ବେଳେ ତମ ଦି'ଜଣଙ୍କ ପାଖରୁ ମୁଁ ସାହାଯ୍ୟ ଚାହୁଁଛି। କଣ କହୁଛ ?

ବିଶି : ଆପଣ ଆପଣଙ୍କ କଥା ରଖନ୍ତୁ। ଆମେ ଆମ କଥା ନିଶ୍ଚୟ ରଖିବୁ।

ଗୌରୀ : ଧନ୍ୟବାଦ। ମୁଁ ଆସୁଛି।

(ଗୌରୀଶଙ୍କର ଚାଲିଗଲେ। ନିର୍ବାଚନ ପ୍ରଚାର ଶୁଭୁଛି)

ରଘୁ : ହୁଁ... ଭୋଟବେଳ ଆସିଗଲା ତ.... ବାବୁ ଆସିଗଲେ ଗାଁ ବୁଲି। ସେଃ... ତା' ପୁଅ ଜେଲ୍‌ରେ ଅଛି ତ ମୁଁ କଣ କରିବି ? ସେଇଟା ତ ଫାଶୀ ପାଇବା କଥା। ନାଁ କଣ ବିଶି....

(ହଠାତ୍ ରହିଯାଇଛି। ମନେ ପଡ଼ିଯାଇଛି ଯେ ବିଶି ସହ ତା'ର ଝଗଡ଼ା ହେଇଛି। ବିଶି ଟିକିଏ ହସିଦେଲା। ରଘୁ ଅପମାନିତ ହୋଇଛି)

ବିଶି : ଭାଉଜ.. ଚା' ଫା ଟିକିଏ ମିଳିବ ?

ମାଳତୀ : (ଭିତରୁ) ଆଣୁଛି...

ବିଶି : ଦୁଇ ଗିଲାସ୍ ଆଣିବ ଭାଉଜ...

ରଘୁ : ଭାଉଜ... (ଜିଭ କାମୁଡ଼ି) ମୋର ଦରକାର ନାହିଁ।

ବିଶି : କିଏ ପିଉ କି ନପିଉ। ମୁଁ ମୋର ଦୁଇଗିଲାସ ପିଇବି। ଆଣିବ ଭାଉଜ....

ରଘୁ : (ସେମିତି ମୁହଁ ଫୁଲେଇ) ହଁ... ଡାକ୍ତର ବାବୁ ତ ଆସିଗଲେ। ଦୁଇଗିଲାସ ପିଅ କି ବାଲ୍‌ଟିଏ ପିଅ। ଚଳିବ।

ବିଶି : ଆମେ ତ ଆଉ ମଦ ପିଉନୁ। ଚା' ପିଉଛୁ।

ରଘୁ : ଏ ସାଟାପ୍।

(ଠିକ୍ ଏଇ ସମୟେ ବାହାରୁ ବରଜୁ ଆସିଛି। ରଘୁର 'ସାଟାପ୍' ଶୁଣି ସେଇଠି ଠିଆ ହେଇଯାଇଛି।)

ବରଜୁ : କଣ ହେଲା ରଘୁଆଇ ? ସାଟାପ୍ କାହିଁକି ?

ରଘୁ : ନାଇଁମ ତତେ ନାଇଁ। ମୁଁ ଟିକିଏ ଅଭ୍ୟାସ କରୁଥିଲି। ସାଟାପ୍.. ସା...ଟାପ୍... ସାଟା...ପ୍।

(ସାବଧାନ, ବିଶ୍ରାମ, ଭଳି ମିଲିଟାରୀ ଭାଷା କହି ଏପଟ ସେପଟ ପ୍ୟାରେଡ଼ କରିଛି। ବିଶି ଖୁବ୍ ଜୋର୍‌ରେ ହସୁଥାଏ)

ବରଜୁ : କ'ଣ ହେଲା ଭାଇ.. ଏତେ ହସୁଛ କାହିଁକି ? କିଛି ଖୁସି ଖବର ଅଛି ନା କ'ଣ ?

ବିଶି	:	ଆରେ ସୁମି ବହିର ସେ ଗୀତଟା ମନେ ପଡ଼ିଗଲା।
ବରଜୁ	:	କୋଉ ଗୀତ ?
ବିଶି	:	ବାଃ..ବାଃ... କେମିତି ମଜା, ଭାଲୁ ନାଚ କରେ ବଜାଇ ବାଜା।
		(ରଘୁ ଉଦ୍ଦେଶ୍ୟରେ କହିଛି। ରଘୁ ଜାଣିପାରି ଠିଆ ହେଇଯାଇଛି)
ରଘୁ	:	ମୁଁ ଭାଲୁ ? ତୁ ଭାଲୁ। ମାଙ୍କଡ଼। ବଣମଣିଷ।
		(ଏୟା କହୁଥିଲାବେଳେ ମାଳତୀ ଚା' ଗିଲାସ ଧରି ଆସି ସାମ୍ନାରେ ଠିଆ ହେଇଛି)
ମାଳତୀ	:	କଣ ହେଲା ? ତମ ମୁଣ୍ଡ ଠିକ୍ ଅଛି ତ ? ହଇଓ ତମ ଆଖିକୁ ମୁଁ ଭାଲୁ, ମାଙ୍କଡ଼, ବଣ ମଣିଷ ଭଳିଆ ଦେଖାଗଲି ? ?
ରଘୁ	:	ଓହୋ ତତେ ନାଇଁ। ଆଜି ମୋର ସବୁ ଗୋଳମାଳ ହେଇଯାଉଛି।
ମାଳତୀ	:	ଚା' ନିଅ।
ରଘୁ	:	ମୁଁ ଚା' ଛାଡ଼ିଦେଲି। ଯିଏ ବରାଦ୍ ଦେଇଛି, ତାକୁ ଦେ।
ମାଳତୀ	:	(ବିଶିକୁ ଚା' ଦେବାକୁ ଯାଉଯାଉ) ତମ ପାଇଁ ଚା' ହେଇନି ବରଜୁ।
ବିଶି	:	(ମାଳତୀଙ୍କୁ ଠାରିଛି, ରଘୁକୁ ଚା' ଦେବାପାଇଁ)
ବରଜୁ	:	ମୁଁ ବି ଚା' ଛାଡ଼ିଦେଇଛି ଭାଉଜ।
ମାଳତୀ	:	ଭଲ କରିଛ। ଭାଇମାନେ ତ ଏ ଗୁଡ଼ା ପିଇ ତିନିପାଞ୍ଚିରୁ ଗଲେଣି।
		(ରଘୁ ଚା' ପିଇବା ପାଇଁ ମୁଣ୍ଡ ହଲାଇ ମନା କରିଛି)
ବରଜୁ	:	ପିଇଦିଅ ରଘୁଆଇ ! ଭାଉଜ ଏତେ କଷ୍ଟରେ ତିଆରି କରିଛନ୍ତି ଯେତେବେଳେ...
ରଘୁ	:	ନ ପିଇଲେ ଭାଉଜର ମନ କଷ୍ଟ ହବ ? ଠିକ୍ ଅଛି। ପିଇଦେବା।
		(ଚା' ପିଇଲେ। ବିଶି ଖୁସି ହେଇଛି। ମାଳତୀ ହସିଦେଇ ଘର ଭିତରକୁ ଚାଲିଗଲେ)

ବିଶି	:	କୁଆଡ଼େ ଯାଇଥିଲୁ ବରଜୁ ?
ବରଜୁ	:	ସରକାରୀ ହସ୍‌ପିଟାଲ୍ ପଟେ ବୁଲି ଯାଇଥିଲି । ଓଃ.. କି ଭୟଙ୍କର ଅବସ୍ଥା ସେଇଠି ! ରୋଗୀ ପାଇଁ ବେଡ ନାହିଁ, ସେଇଠି ମଣିଷ... (ଦୃଢ଼ ହୋଇ) ଭାଇ ! କଣ ଠିକ୍ କଲ ?
ବିଶି	:	କୋଉ କଥା ?
ବରଜୁ	:	ଟଙ୍କା ଯୋଗାଡ଼ ହେଇପାରିଲା । ?
ବିଶି	:	(ହଠାତ୍ ଗମ୍ଭୀର ହୋଇ) ନାଇଁ ।
ବରଜୁ	:	ତା'ହେଲେ ମୁଁ ନର୍ସିଂହୋମ୍ କରିବି କେମିତି ?
ବିଶି	:	ତୋର ନର୍ସିଂହୋମ୍ କରିବା କିଛି ଦରକାର ନାହିଁ । କାହିଁକି ତୋର ଏ ପାଗଲାମୀ ବାହାରୁଛି କହିଲୁ ? ଆରେ କଟକ, ଭୁବନେଶ୍ୱରରେ ନର୍ସିଂହୋମ୍ କରି ଟଙ୍କା ତ ବହୁତ ପାଇବୁ, ହେଲେ ଶାନ୍ତି ପାଇବୁନିରେ । ଆମ ଗାଁ ହସ୍‌ପିଟାଲ୍ ପାଇଁ ଚେଷ୍ଟା କର । ତୋର ପୋଷ୍ଟିଂ ପାଇଁ ମୁଁ ଏମଏଲ୍‌ଏ ବାବୁଙ୍କୁ କହିଛି ।
ବରଜୁ	:	ମୁଁ କୌଣସି ସରକାରୀ ହସ୍‌ପିଟାଲ୍ କଥା କହୁନାହିଁ ଭାଇ । ମୁଁ ନର୍ସିଂହୋମ କଥା କହୁଛି ।
ବିଶି	:	ଏତେବଡ଼ ପାଟିରେ କହିବା ଦରକାର ନାହିଁ । ମୁଁ ଶୁଣିପାରୁଛି ।
ବରଜୁ	:	ଭାଇ ! ତମେ ମୋ ପ୍ରୋବ୍ଲେମ୍ ବୁଝୁନ କାହିଁକି ?
ବିଶି	:	କ'ଣ ତୋର ପ୍ରୋବ୍ଲେମ୍ ମୁଁ ବି ତ' ଟିକିଏ ଶୁଣେ ।
ବରଜୁ	:	ଗାଁରେ ରହିଲେ ମୁଁ କିଛି କରିପାରିବିନି ଭାଇ । ମୋ କ୍ୟାରିଅର ନଷ୍ଟ ହେଇଯିବ । କଣ ଅଛି ଏ ଗାଁରେ ? ତା'ଛଡ଼ା ମେଡିକାଲ ସାଇନ୍‌ସରେ ଗୋଲ୍ଡମେଡାଲ ପାଇଛି କଣ ଏଇ ଗାଁରେ ରହିବାପାଇଁ ?
ବିଶି	:	କଣ ତୁ କହୁଛୁ ବରଜୁ ! ସହରର ରୋଗୀମାନେ କଣ ଗାଁ ରୋଗୀମାନଙ୍କ ଠାରୁ ଅଲଗା ? ଗୋଲ୍ଡମେଡାଲ୍ ପାଇଛୁ ବୋଲି କ'ଣ ନିରୀହ ରୋଗୀମାନଙ୍କୁ ଲୁଟିବୁ ? ଅନ୍ୟମାନେ ଯେମିତି ଅର୍ଥଲୋଭରେ ଡାକ୍ତରଖାନା ଛାଡ଼ି ନର୍ସିଂହୋମ୍ କରୁଛନ୍ତି, ତୁ' ବି ସେୟା କରିବୁ ?

ବରଜୁ : ହଁ, ମୁଁ ବି ସେୟା କରିବି। ବିନା ପଇସାରେ ମୁଁ ଗୋଟିଏ ପାଦ ଆଗକୁ ପକେଇ ପାରିବିନି।
(ବିଶି ଯେମିତି ନିର୍ବାକ ହେଇଯାଇଛି)

ବିଶି : ଅଥଚ ବିନା ପଇସାରେ, କରଜ ଭାରକୁ ମୁଣ୍ଡରେ ବୋହି କେବଳ ଧୈର୍ଯ୍ୟକୁ ସାଙ୍ଗରେ ଧରି ମୋ' ପାଦ ଆଗକୁ ଆଗକୁ ବଢ଼ି ଚାଲିଛି। ଆରେ ଗୋଡ଼ହାତ ମୋର ଚାଲିଛି ବୋଲି ତୁ ନିଶ୍ୱାସ ନେଇପାରୁଛୁ - ଏକଥା ମନେରଖ।

ରଘୁ : ବରଜୁ! ଏତେ ପାଟିତୁଣ୍ଡ କରି ମୁହଁ କାହିଁକି ଖରାପ କରୁଛୁ? ତୋର ଟଙ୍କା ଦରକାର ନାଁ! ମୁଁ ଦେବି। ଏବେ ୟେସ୍, ନୋ, ଅଲ୍‌ରାଇଟ୍ ଆଁ? ଆରେ ଏଇ ମହନପୁରରେ ରହି ଅନ୍ୟମାନେ ଯେମିତି ନିଜ ଜୀବନଟାକୁ ନଷ୍ଟ କରିଦେଲେ, ତୁ ସେୟା କରନା ବରଜୁ। ତୁ' ଯା କଟକରେ ନର୍ସିଂହୋମ୍ କରିବା ବ୍ୟବସ୍ଥା କର।

ବିଶି : ବରଜୁ, ମୁଁ କହିଦେଉଛି, ତୁ କଟକ ଯାଇପାରିବୁନି।

ରଘୁ : ବରଜୁ କଟକ ଯିବ, ଅଲବତ୍ ଯିବ।

ବିଶି : ମୁଁ ତୋ ମୁହଁରୁ ଶୁଣିବାକୁ ଚାହେଁ ବରଜୁ। ତୁ ମୋ କଥା ମାନିବୁ ନା ଗୋଟେ ଇତର ମଦୁଆ କଥାରେ ଭାଷିଯାଇ ମତେ ଆଡ଼େଇଦେବୁ?

ବରଜୁ : ଭାଇ....ତମେ ମତେ....

ବିଶି : ତୁ ମତେ ଛାଡ଼ି ଯାଇପାରିବୁନି ବରଜୁ। ଜୀବନରେ ଟଙ୍କା-ପଇସା-ଧନ-ସମ୍ପତ୍ତି ବଡ଼ନୁହେଁ। ଏସବୁ ଅର୍ଜିବାକୁ ଜୀବନ ତମାମ୍ ପଡ଼ିଛି। ହେଲେ ବାବୁ, ଯୋଉଦିନ ନିଜର ମଣିଷପଣିଆ ଚାଲିଯିବ ସବୁ ଚାଲିଯିବରେ...

ବରଜୁ : ତମେ ଯୋଉ ମଣିଷତ୍ୱ କଥା କହୁଛ ନା ଭାଇ! ତାକୁ ବି ବଂଚେଇବାକୁ ହେଲେ ପଇସା ଦରକାର।

ବିଶି : ଟଙ୍କା ପଇସା ହେଇହେଇ ତୁ ପାଗଳ ହେଇଯିବୁ ବରଜୁ। ତୁ ଭୁଲ ରାସ୍ତାରେ ଯାଉଛୁ।

ବରଜୁ : ଭୁଲ କଣ, ଠିକ୍ କଣ ବୁଝିବା ବୟସ ମୋର ହେଇଗଲାଣି ଭାଇ।

ରଘୁ : ବରଜୁ, ବଡ଼ମାନଙ୍କ ସହ ଏତେ ଯୁକ୍ତିତର୍କ କରିବା ଦରକାର ନାହିଁ। ଶୁଣ୍, ମୁଁ ତ କହିଲି ଟଙ୍କା ଦେବି। ହେଲେ ଆଜି ରହିଯା। କାଲି ଘରେ ଗୋଟେ ମେଳା ହବ। ତା'ପରେ ଯିବୁ।

ବରଜୁ : ଭାଇ ! ମୁଁ କ'ଣ କରିବି ?

ବିଶି : କହି ସାରିଛି।

(ବରଜୁ କିଛି ନ କହି ଭିତରକୁ ଚାଲିଯାଇଛି)

ଯଦି ଏ ଘରେ କିଛି ଅଘଟଣ ଘଟେ, ମୁଁ କାହାରିକୁ କ୍ଷମା ଦେବିନି - କହିଦେଉଛି।

(ଭିତରୁ ସୁମି ଦୌଡ଼ି ଦୌଡ଼ି ଆସିଛି)

ସୁମି : ବାପା, କାକା ଜିନିଷ ସଜାଡ଼ିଲେଣି। କୁଆଡ଼େ ଯିବେ ?

ବିଶି : (ନିରୁତ୍ତର)

ସୁମି : କୁହନା ବାପା !

ବିଶି : ମୁଁ ଜାଣିନି। ଯିଏ ଯାଉଛି, ଆଉ ତାକୁ ଯିଏ ପଠଉଛି, ତାକୁ ପଚାର।

ସୁମି : ଦାଦା... ଦାଦା... କକା କୁଆଡ଼େ ଯାଉଛନ୍ତି ?

ରଘୁ : କକା କଟକ ଯିବ।

ସୁମି : ମୁଁ ବି ଯିବି।

(ଏଇ ସମୟେ ବରଜୁ ଆଟାଚୀ ନେଇ ଆସିଛି। ପଛେ ପଛେ ବର୍ଷା)

ବର୍ଷା : ବ୍ରଜ.... ବ୍ରଜ... କୁଆଡ଼େ ବାହାରିଛ ?

ବରଜୁ : ତମେ ଏ ସବୁ କଥାରେ ମୁଣ୍ଡ ନ ପୁରେଇଲେ ଭଲ।

ବର୍ଷା : (ବିଶି ପାଖକୁ ଯାଇ) କଣ ହେଇଛି ? ବ୍ରଜ କୁଆଡ଼େ ଯାଉଛନ୍ତି ?

ବିଶି : (ଉତ୍ତର ନଦେଇ କେବଳ ବରଜୁକୁ ଚାହିଁଛନ୍ତି)

ରଘୁ : ହଇରେ ବରଜୁ ! ତତେ ପରା କହିଲି, ଆଜି ଦିନକ ରହିଯା। କାଲି ଯିବୁ।

ବିଶି	:	(ହଠାତ୍ ରଘୁ ଉପରେ ଉତ୍ୟକ୍ତ ହୋଇ) ତୁ' ଶଳା ସବୁ ନାଟର ଗୋବର୍ଦ୍ଧନ। ମୋ ଭାଇକୁ ଶିଖେଇ, ମତେଇ ମୋ'ଠୁ ଦୁରେଇ ଦବାକୁ ବସିଛୁ ? ମୋ' ଘର ଭାଙ୍ଗିଦବାକୁ ଚାହୁଁଛୁ ? ମୋ' ଭାଇ କଥା ମୁଁ ବୁଝିବି। ମୁଁ ପଚାରୁଛି ତୁ କିଏ ?
ରଘୁ	:	(ଆଖିରେ ଲୁହ) କଣ କହିଲୁ... ମୁଁ କିଏ ? ମୁଁ... ତୋ ଘର ଭାଙ୍ଗିଦେବାକୁ ଚାହୁଁଛି ? (ପାଖକୁ ମାଳ ଆସିଛି) ଶୁଣୁଛୁ ମାଳ... ମୁଁ କାଳେ ବରଜୁକୁ ଜାଣିଶୁଣି ବିଶି ପାଖରୁ ଅଲଗା କରିଦେଉଛି। ମୋର ଭୁଲ ହେଇଯାଇଛି। ବରଜୁ ଉପରେ ମୋର କିଛି ଅଧିକାର ନାହିଁ ବୋଲି ଜଣେଇଦେଇ ବଡ଼ ଉପକାର କଲୁ ମୋର। ଭୁଲ କରିଛି ମୁଁ। ଏ ଜୀବନ ଥିବାଯାଏଁ ତୋର ସୁଖି ସଂସାର ଭିତରକୁ କେବେ ଆସିବିନି। ୟେସ୍ ନୋ ଅଲ୍‌ରାଇଟ୍। (ରଘୁ କାନ୍ଦି କାନ୍ଦି ବାହାରକୁ ଚାଲିଯାଇଛି। କିଛି ସମୟ ନୀରବତା)
ବରଜୁ	:	ଭାଉଜ... ମୁଁ ଆସୁଛି।
ମାଳତୀ	:	ବରଜୁ.... ବଡ଼ମାନଙ୍କୁ କନ୍ଦେଇ ତମେ କିଛି ଭଲ କରୁନା। ତମେ ତ ଏତେ ପାଠ ପଢ଼ିଛ, ମୁଁ ମୁରୁଖ ତମକୁ କ'ଣ ବୁଝେଇବି ?
ସୁମି	:	କକା.... ମୁଁ ତମ ସାଙ୍ଗରେ ଯିବି।
ବରଜୁ	:	ନାଁ। ଏବେ ନାହିଁ। ପରେ ଆସି ତତେ ନେଇଯିବି। ମୁଁ ଆସୁଛି ବର୍ଷା.... ଏଇଠି ରହି ଗୁଡ଼ାଏ ସ୍ୱାର୍ଥପରଙ୍କ ସହ ମୁଁ ଜୀବନ ବିତେଇ ପାରିବିନି। (ଯାଉଥିଲା)
ବର୍ଷା	:	ରୁହ ବ୍ରଜ ! ତମେ ବୋଧେ, ଏଇ ସ୍ୱାର୍ଥପର ଲୋକ କଥା କହୁଛ ? ଯୋଉ ଭାଇ ତମକୁ ... ତମ ପାଇଁ ନିଜକୁ ଟିକ୍ ଟିକ୍ କରି କାଟି, ଛେଚି ରକ୍ତକୁ ପାଣି କରି ଅଧା ପେଟରେ ରହି ତମକୁ ମଣିଷ କଲେ, ସହରରେ ପଢ଼େଇ ଡାକ୍ତର କଲେ, ସେଇ ଭାଇ ଆଜି ସ୍ୱାର୍ଥପର ହେଇଗଲେ ? ତମକୁ ଭଲ ମଣିଷ କରିବାର ସ୍ୱପ୍ନ ନେଇ ଯିଏ ଆଜିଯାଏ ବଂଚିଛି, ସିଏ ସ୍ୱାର୍ଥପର ?

ଏ କଥା କହିବାକୁ ତମ ଜିଭ କେମିତି ଲେଉଟିଲା ? ତମେ ପରା ଏକା ମା' ପେଟର ଭାଇ ! ତମେ କେମିତି ଚିହ୍ନିପାରୁନା ? କଣ ଏଇ ଦିନ ଦେଖିବାପାଇଁ ମୁଁ ସେଇ ନର୍କରୁ ତମକୁ ଉଦ୍ଧାର କରିଥିଲି ?

ବରଜୁ : ଯାହା ଯେତେବେଳେ ଯେମିତି ଘଟିବା କଥା ସିଏ ଘଟିବ ବର୍ଷା। ତାକୁ କେହି ଅଟକେଇ ପାରିବେନି। ଭାଇ ତାଙ୍କ ଜିଦ୍‌ରେ ଅଟଳ, ମୁଁ ମୋ' ଜିଦ୍‌ରେ। କିନ୍ତୁ ସତ୍ୟ ଏଇଆ ନୁହେଁ।

ବର୍ଷା : ତେବେ ସତ୍ୟ କଅଣ ?

ବରଜୁ : ସତ୍ୟ ଏଇଆ ଯେ, ଏ ଘରେ ମୋର ସ୍ଥାନ ନାହିଁ।

ବର୍ଷା : ଏଇଟା ସତ ନୁହେଁ। ଏସବୁ ତମର ଭୁଲ ଧାରଣା ବ୍ରଜ। ଅଭିମାନ କରି ଘର ଛାଡ଼ି ଚାଲିଗଲେ ସମସ୍ୟାର ସମାଧାନ ହେଇଯିବନି।

ବିଶି : ତୁ ବହୁତ ବଡ଼ ହେଇଗଲୁଣି ବରଜୁ। ତୁ' ନିଜ ପାଇଁ ବଂଚିବାକୁ ଯଦି ଚାହୁଁଛୁ, ମୋର କିଛି କହିବାର ନାହିଁ। ତୁ ଆଉଥରେ ଚିନ୍ତା କର। ଚାଲ ସୁମି....।

(ସୁମି ଓ ବିଶି ଚାଲିଗଲେ)

ବର୍ଷା : ଶୁଣ ବ୍ରଜ! ଏ ଗାଁ ତମର। ଭାଇ ତମର। ଭବିଷ୍ୟତ ବି ତମର। ତେଣୁ ଡିସିସନ୍ ନବାର ଅଧିକାର ବି ତମର। ମୋର କିଛି କହିବାର ନାହିଁ।

(ବର୍ଷା ଚାଲିଗଲା)

ମାଳତୀ : ଭଲ ମନ୍ଦ ବୁଝିବା ବୟସ ତମର ହେଇଗଲାଣି ବରଜୁ। ଯାହା କରିବ ଭାବିଚିନ୍ତି କରିବ।

(ମାଳ ଚାଲିଗଲେ। ଏକୁଟିଆ ବରଜୁ ଠିଆ ହେଇଥାଏ। ଦୂରରୁ ଶୁଭୁଛି "ସଂସାର ମାୟା ଘୋର ବଣେ - ଏ ଜୀବ ଭ୍ରମେ ଅକାରଣେ)

- ଅନ୍ଧାର -

ଶେଷ ଦୃଶ୍ୟ

ଚରିତ୍ର : ବିଶି, ବରଜୁ, ମାଳତୀ, ରଘୁ, ବର୍ଷା, ସୁମି

(ବରଜୁ ତୁଳସୀ ଚଉରା ପାଖରେ ମନମାରି ବସିଛି। ଭିତରୁ ହାତରେ କିଛି କାଗଜ ଧରି ଆସିଛି ବିଶି)

ବିଶି : ନେ ବରଜୁ। ଏଥିରେ ସବୁ ଲେଖି ଦେଇଛି। ଏ ଘର, ଜମି ବାଡ଼ି, ସବୁ ତୋରି ନାଁରେ ଅଛି। ନେ ରଖ।

(ବରଜୁ ଆଶ୍ଚର୍ଯ୍ୟରେ ଚାହିଁଛି)

ତୁ' ଭାବୁଛୁ ଏ ସବୁ ସମ୍ପତ୍ତି ବାଡ଼ି ମୁଁ ଖାଇଯିବି ? ଆରେ ଏ ସବୁ ଉପରେ ମୋର ଯେତିକି ଅଧିକାର ଅଛି, ତୋର ବି ସେତିକି ଅଛି। ଇଏ ଆଜିର ଲେଖା ନୁହେଁ ବରଜୁ! ତୁ' ତ ଏଡ଼େ ଟିକିଏ ହେଇଥିଲୁ ଏ ସବୁ ସମ୍ପତ୍ତି କୋର୍ଟକୁ ଯାଇ ମୁଁ ତୋରି ନାଁରେ କରିସାରିଛି। ତୁ ସୁଖରେ ରହ। ମୋର ଆଉ କ'ଣ ଦରକାର ? ମୁଁ ତ ମଳିମୁଣ୍ଡିଆ ଗରିବ ଚାଷୀଟିଏ। ମୋର ଏ ସବୁରେ କେବେ ଲୋଭ ନଥିଲା କି ଆଜି ବି ନାହିଁ। (ବରଜୁ ହାତରେ ଧରେଇ ଦେଇ) ଆଉ ଶୁଣ ତୁ ଏ ଘରଛାଡ଼ି କୁଆଡ଼େ ଯିବା ଦରକାର ନାହିଁ। ମୁଁ.. ଚାଲିଯାଉଛି। ସୁଖରେ ରହ। ସୁମି... ବର୍ଷା... ଚାଲ।

(ଦୁଆର ପାଖେ ଆସି ଠିଆ ହେଲେ ସୁମି ଓ ବର୍ଷା)

ବରଜୁ : (କୋହ ସମ୍ଭାଳି ନପାରି ବିଶିର ଗୋଡ଼ଧରି କାନ୍ଦିଛି) ମତେ ଛାଡ଼ିଯାଅନି ଭାଇ। ମୋର ଭୁଲ ହେଇଯାଇଛି। କ୍ଷମା କରିଦିଅ ମୋତେ।

(ବର୍ଷା, ମାଳତୀ, ସୁମି, ବିଶିକୁ ଅନୁରୋଧ କରିଛନ୍ତି। ବିଶି ବରଜୁକୁ କ୍ଷମା ଦେବା ପାଇଁ)

ବିଶି : ହଉହେଲା। ଉଠ୍।

ବରଜୁ : (କାଗଜପତ୍ର ସବୁ ଚିରିଦେଇଛି) ମୋର ସେ ସମ୍ପତ୍ତି ଦରକାର ନାହିଁ। ମୁଁ କୁଆଡ଼େ ଯିବିନି। ଏଇଠି ରହିବି।

(ବିଶି ଖୁସିରେ ବରଜୁକୁ କୁଣ୍ଢେଇ ପକେଇଛି। ଏଇ ସମୟେ ବାହାରୁ ସମ୍ପୂର୍ଣ୍ଣ ପୋଲିସ୍ ପୋଷାକରେ ରଘୁ ଆସିଛି। ସମସ୍ତେ ଆଶ୍ଚର୍ଯ୍ୟ। ରଘୁ ନିରବରେ ବିଡ଼ି ପିଇଛି)

ମାଳତୀ : (ଖୁସିରେ) ଏ' ମୁଁ କ'ଣ ଦେଖୁଛି... ହେ ମା ବୃନ୍ଦାବତୀ... ଶେଷରେ ତୁ ମୋ' ଡାକ ଶୁଣିଛୁ ମା.. ତତେ କୋଟି କୋଟି ଜୁହାର।

ସୁମି : ଦେଖିଲ ଦାଦା, ଠାକୁର କେମିତି ମୋ' ପ୍ରାର୍ଥନା ଶୁଣିଲେ।

ରଘୁ : ଚୋପ୍। ମୁଁ ବହୁତ ରାଗିଯାଇଛି ଆଜି। ମୋ' ସହିତ କେହି କଥା ହେବା ଦରକାର ନାହିଁ। (ବସିଯାଇଛି କାଠ ଚଉକିରେ)

ସୁମି : (ରଘୁ ପାଖକୁ ଯାଇ ତା'ର ପାଟି ଶୁଙ୍ଘିଛି) ନା.. ଖୁଡ଼ି... ଦାଦା ମଦ ପିଇନାହାନ୍ତି।

ରଘୁ : ସେଇଥିପାଇଁ ରାଗି ଯାଇଛି।

ସୁମି : ନାଁ...

ରଘୁ : ହଁ। ୟେସ୍ ନୋ ଅଲରାଇଟ୍।

ବରଜୁ : (ପାଖକୁ ଆସି) ରଘୁଆଇ! କାହା ଉପରେ ରାଗିଛ ? ମୋ' ଉପରେ ନା ଭାଇ ଉପରେ ?

ରଘୁ : (ଉତ୍ତର ଦେଇନି)

ବରଜୁ : ମୁଁ ଆଉ ଗାଁ ଛାଡ଼ି, ତମମାନଙ୍କୁ ଛାଡ଼ି କୁଆଡ଼େ ଯିବିନି। ମୁଁ ଜାଣେ ତମେ ବି ଚାହୁଁନଥିଲ ମୁଁ ଯାଏ ବୋଲି ? ନା...!!

ରଘୁ	:	ଯଦି ସବୁଦିନ ପାଇଁ ଏଇଠି ରହିବାକୁ ଚାହୁଁଛୁ - ତା'ହେଲେ ମୋର ଗୋଟିଏ କଥା ତତେ ମାନିବାକୁ ପଡ଼ିବ।
ବରଜୁ	:	କ'ଣ ରଘୁଆଇ ?
ରଘୁ	:	ମାଷ୍ଟ୍ରାଣୀକୁ କହ ସିଏ ବି କେବେ ଏ ଘର ଛାଡ଼ି ଯିବେନାହିଁ।
ବରଜୁ	:	ସିଏ କ'ଣ ଘର ଛାଡ଼ିବାକୁ ବସିଛନ୍ତି ନା କ'ଣ ? ବର୍ଷା...
ବର୍ଷା	:	ନାଇଁ ସେମିତି ତ ମୁଁ...
ରଘୁ	:	ସୁମି... ପାଖକୁ ଆସିଲୁ -
ସୁମି	:	କ'ଣ ଦାଦା ?
ରଘୁ	:	(ବର୍ଷାକୁ ଲକ୍ଷ୍ୟ କରି) ସିଏ ତୋର କିଏ ?
ସୁମି	:	ବୋଉ। (ବର୍ଷା ପାଖକୁ ଦୌଡ଼ିଯାଇଛି)
ରଘୁ	:	(ବିଶିକୁ ଚାହିଁ) ଆଉ ଇଏ.....
ସୁମି	:	(ବିଶି ପାଖକୁ ଆସି) ବାପା...
ବିଶି	:	କ'ଣ କହିବାକୁ ଚାହୁଁଛୁ ?
ରଘୁ	:	ଚୋପ୍। ମୁଁ ପୋଲିସ୍ ଲୋକ। କେବଳ ମୁଁ କହିବି ଆଉ ସମସ୍ତେ ଶୁଣିବ। (ବର୍ଷା ପାଖକୁ ଆସି, ବର୍ଷାର ହାତଧରି ଆଣି ବିଶି ପାଖରେ ଠିଆ କରେଇ ଦେଇଛି) ଏବେ ଯିଏ ପଚାରିବା କଥା ପଚାରିବ। (ଲାଜରେ ବାରଣ୍ଡା ପାଖକୁ ଚାଲିଗଲା ବର୍ଷା)
ବରଜୁ	:	ରଘୁଆଇ ! ଏତେ ଦିନପରେ ତମର ଏଇ ଡିସିସନ୍‌ରେ ମୁଁ ଭାରି ଖୁସି।
ମାଳତୀ	:	ହଁ। ବର୍ଷା ଭଳି ଝିଅ ଖୋଜିଲେବି ମିଳିବେନି।
ବିଶି	:	ମୁଁ କହୁଛି.. ମୋ' ଡିସିସନ୍ ନନେଇ ତମେମାନେ କେମିତି ଫାଇନାଲ୍ କରିଦେବ ?
ମାଳତୀ	:	ତମକୁ ରାଜି ହବାକୁ ହିଁ ହବ।
ବରଜୁ	:	ହଁ - ରାଜି ହେବାକୁ ହିଁ ହବ।
ରଘୁ	:	ରାଜି ହେବାକୁ ହିଁ ହବ।
ବର୍ଷା	:	ରାଜି ହେବାକୁ ହିଁ ହବ। (ବର୍ଷା ଲାଜେଇ ଯାଇଛି)

ବରଜୁ : ଭାଇ ପ୍ଲିଜ୍...

ସୁମି : ବାପା.. ବୋଉ ଏଇଠି ରହିବେ।

ବିଶି : କିନ୍ତୁ ଏଇ ହାବିଲଦାରକୁ କହିଦିଅ ମୋ' ଘର କଥାରେ ମୁଣ୍ଡ ଯଦି ପୁରେଇବ, ତା'ହେଲେ ୟେସ୍ ନୋ ଅଲରାଇଟ।

ରଘୁ : ଚୋପ୍!!

(ସମସ୍ତେ ହସିଲେ)

(ନଟ, ରାମ ଓ କୀର୍ତ୍ତନିଆ ଆସିଛନ୍ତି)

ନଟ : ବିଶି... ଆରେ କ'ଣ କରୁଛ ? ବେଳ ହେଇଗଲାଣି ପରା। ଆଜି କୀର୍ତ୍ତନରେ ସବୁ ଯିବନି କି ?

ବିଶି : ହଁ ଚାଲ...

(ସମସ୍ତେ ନିଜ ନିଜ ବାଜା ଜିନିଷ ଧରୁଥିବାବେଳେ ବରଜୁ ଗିନି ଧରି ସମସ୍ତଙ୍କ ଆଗକୁ ଗଲା)

ବରଜୁ..! (ଖୁସିରେ)

ବରଜୁ : ହଁ ଭାଇ। ଆଜିଠୁ ସଂକୀର୍ତ୍ତନର ଭାର ମୋ' ଉପରେ ରହିଲା।

ରଘୁ : ସା..ବା..ସ..

॥ ସମସ୍ତେ କୀର୍ତ୍ତନ ଆରମ୍ଭ କରି ଯାଉଥିବା ସମୟରେ॥

ସମ୍ମୁଖ ପରଦା ପଡ଼ିଛି।

- ସମାପ୍ତ -

BLACK EAGLE BOOKS

www.blackeaglebooks.org
info@blackeaglebooks.org

Black Eagle Books, an independent publisher, was founded as a nonprofit organization in April, 2019. It is our mission to connect and engage the Indian diaspora and the world at large with the best of works of world literature published on a collaborative platform, with special emphasis on foregrounding Contemporary Classics and New Writing.

www.ingramcontent.com/pod-product-compliance
Lightning Source LLC
Chambersburg PA
CBHW060620080526
44585CB00013B/922
* 9 7 8 1 6 4 5 6 0 7 7 8 6 *